Émile Bréhier
A teoria dos incorporais no estoicismo antigo

FILŌ   autêntica

Émile Bréhier
A teoria dos incorporais no estoicismo antigo

Tradução
Fernando Padrão de Figueiredo
José Eduardo Pimentel Filho

Transliteração e tradução do grego
Luiz Otávio de Figueiredo Mantovaneli

Copyright © Librairie Philosophique J. Vrin, Paris, 1965. http://vrin.fr

Copyright desta edição © 2012 Autêntica Editora

TÍTULO ORIGINAL
La théorie des incorporels dans l'ancien stoïcisme

COORDENADOR DA COLEÇÃO FILÔ
Gilson Iannini

CONSELHO EDITORIAL
Gilson Iannini (UFOP); *Barbara Cassin* (Paris); *Cláudio Oliveira* (UFF); *Danilo Marcondes* (PUC-Rio); *Ernani Chaves* (UFPA); *Guilherme Castelo Branco* (UFRJ); *João Carlos Salles* (UFBA); *Monique David-Ménard* (Paris); *Olímpio Pimenta* (UFOP); *Pedro Süssekind* (UFF); *Rogério Lopes* (UFMG); *Rodrigo Duarte* (UFMG); *Romero Alves Freitas* (UFOP); *Slavoj Žižek* (Liubliana); *Vladimir Safatle* (USP)

TRADUÇÃO
Fernando Padrão de Figueiredo e *José Eduardo Pimentel Filho*

REVISÃO TÉCNICA
Guilherme Castelo Branco

CAPA
Alberto Bittencourt

PROJETO GRÁFICO DE CAPA E MIOLO
Diogo Droschi

EDITORAÇÃO ELETRÔNICA
Christiane Morais

REVISÃO
Lílian de Oliveira

EDITORA RESPONSÁVEL
Rejane Dias

Revisado conforme o Acordo Ortográfico da Língua Portuguesa de 1990, em vigor no Brasil desde janeiro de 2009.

Todos os direitos reservados pela Autêntica Editora. Nenhuma parte desta publicação poderá ser reproduzida, seja por meios mecânicos, eletrônicos, seja via cópia xerográfica, sem a autorização prévia da Editora.

AUTÊNTICA EDITORA LTDA.

Belo Horizonte
Rua Aimorés, 981, 8° andar . Funcionários
30140-071 . Belo Horizonte . MG
Tel.: (55 31) 3214 5700

Televendas: 0800 283 13 22
www.autenticaeditora.com.br

São Paulo
Av. Paulista, 2.073, Conjunto Nacional, Horsa I
11° andar, Conj. 1101 . Cerqueira César
01311-940 . São Paulo . SP
Tel.: (55 11) 3034 4468

Dados Internacionais de Catalogação na Publicação (CIP)
(Câmara Brasileira do Livro, SP, Brasil)

Bréhier, Émile, 1876-1952.
   A teoria dos incorporais no estoicismo antigo / Émile Bréhier ; tradução Fernando Padrão de Figueiredo e José Eduardo Pimentel Filho ; transliteração e tradução do grego Luiz Otávio de Figueiredo Mantovaneli. -- Belo Horizonte : Autêntica Editora, 2012. (Coleção Filô)

   Título original: La théorie des incorporels dans l'ancien stoïcisme.
   Bibliografia
   ISBN 978-85-8217-076-2

   1. Estoicos 2. Ética 3. Filosofia antiga 4. Vida I. Título.

12-13004   CDD-188

Índices para catálogo sistemático:
1. Estoicismo : Filosofia antiga 188

Apresentação 07
Introdução 15
Capítulo 1 – Do incorporal em geral 19
  A crítica das Ideias 19
  A noção de fato na física 30
Capítulo 2 – O incorporal na lógica e na teoria dos "exprimíveis" 35
  Do exprimível em geral 35
  Do exprimível na teoria do juízo e do raciocínio 49
  A definição e a semiologia 60
  A semiologia e o destino 66
Capítulo 3 – Teoria do lugar e do vazio 69
  A teoria do lugar 69
  O vazio 79
  O espaço 91
Capítulo 4 – Teoria do tempo 95
Conclusão 105

Apresentação

Pensar em termos de acontecimentos não é fácil. Menos fácil ainda pelo fato de o próprio pensamento tornar-se então um acontecimento. Ninguém como os estoicos e os ingleses para ter pensado assim. ENTIDADE = ACONTECIMENTO, é o terror, mas também muita alegria (DELEUZE; PARNET, 1998, p. 80).

Émile Bréhier (1876-1952) não é apenas um, dentre muitos historiadores de filosofia, que escreveu uma robusta obra de *História da Filosofia*, dos antigos aos modernos, passando pelo pensamento oriental. Também não devemos reduzi-lo a um comentador de filosofia antiga entre tantos outros, por exemplo, como sugerem suas obras sobre Plotino, Fílon de Alexandria, Crisipo, outros estudos menores sobre a Antiguidade, etc. *A teoria dos incorporais no antigo estoicismo* é, sem sombra de dúvida, uma obra importante e singular para o pensamento contemporâneo francês, com Vladimir Jankélévitch, Gilles Deleuze, Michel Foucault, Jacques Derrida, Maurice Blanchot, Clément Rosset, entre outros. Teoria que possibilita entrever a possibilidade real de pensar e problematizar outra "ontologia", de caráter não metafísico. Talvez seja nesta obra, parece-nos, que podemos não só ouvir um dos primeiros gritos, no século XX, de "viva o múltiplo", como também de fazê-lo efetivamente.

A teoria dos incorporais no antigo estoicismo foi publicada, primeiramente, em 1908, como tese de doutorado para a Faculté des Lettres de Paris, da Sorbonne. Logo depois, em 1910, Bréhier publica outro texto importante sobre o tema: *Chrysippe et l'ancien stoïcisme* [*Crisipo e o antigo estoicismo*]. Sabemos também que assistia, nessa época, aos cursos de Henri Bergson junto com seu amigo Charles Péguy, outro pensador caro à problemática dos acontecimentos-incorporais. Enquanto este morre na Primeira Guerra Mundial, Bréhier sofre, como efeito desta, ferimentos no braço esquerdo, mais tarde amputando-o. Pierre-Maxime Schul chega a afirmar que, se não era propriamente um estoico, tinha uma alma estoica, pois sofrera sem nenhuma queixa, e serenamente, as dores do corpo. Ao contrário do platonismo, o corpo não aprisiona e limita a alma, é a alma, vitalidade imanente ao corpo, que tensiona suas partes ao limite do que pode e lhe confere virtudes racionais. O corpo é pleno de razão. Seria pouco dizer que Bréhier se interessava profundamente pelos primeiros estoicos, seja com Zenão de Cítio, seja com Cleantes ou Crisipo. Mas é precisamente nesse limite onde o pensamento e as anedotas da vida se tornam imprecisos que devemos ler *A teoria dos incorporais no antigo estoicismo*.

Os primeiros estoicos são os personagens filosóficos que, pela primeira vez na história da filosofia, encenam, tendo por pano de fundo a antiguidade grega, a noção de incorporal ou acontecimento. Noção complexa e difícil à qual se contrapõem e tentam fugir do platonismo e da filosofia peripatética, levando-as, com humor (e não com ironia), ao pé da letra. Deleuze, na *Lógica do sentido*, retoma nas cômicas anedotas de vida desses gregos a intensidade do cômico e do riso no pensamento. Eis algumas dela:

> Como diz Crisipo, "se dizes a palavra carroça, uma carroça passa por tua boca" e não é nem melhor nem mais cômodo se se tratar da Ideia de carroça. [...] Ao "bípede sem plumas" como significado do homem segundo Platão, Diógenes o Cínico responde atirando-nos um galo com plumas. E ao que pergunta sobre "o que é a filosofia", Diógenes responde fazendo passear um arenque na ponta de um cordel: o peixe é o animal mais oral [...]. Platão ria daqueles que se contentavam em dar exemplos [...]. Ora, é fácil fazer com que Platão desça de novo o caminho que ele pretendia nos fazer escalar (DELEUZE, 2003, p. 137-138).

Diógenes Laércio ainda nos lembra, na obra *Vidas e doutrinas dos filósofos ilustres,* da morte cômica de Crisipo, quando, com uma grande gargalhada, morreu vendo seu asno ser embriagado por sua criada. Anedota que confere outra vida, outra imagem ao pensamento, distanciando-se ao máximo das teorias trágicas e das mortes imponentes, seja de Empédocles, Sócrates, seja até mesmo de Sêneca. Não podemos deixar de ver nessa atitude agonística os fortes traços do cinismo de Antístenes e Diógenes, conhecido também como o Sócrates ensandecido. Agonística que não se faz com ironia, tristeza, angústia, mas com humor. Se o humor e os paradoxos servem de argumento contra uma filosofia, dizendo-a menor, por outro lado, elas serão as armas, zombarias contra essas filosofias maiores. Assim como eles, Nietzsche via nessa "maioridade" filosófica não uma saída de um estado menor, de tutela, mas a pobreza de um pensamento e de uma vida que necessitam dos valores estabelecidos, do Estado, da Igreja, da Família, da Escola, etc. Se chegaram até nós somente as obras de Platão e Aristóteles, diz o filósofo, a razão não está na sua grandeza, mas na falta de leitores. Por isso, dos primeiros estoicos, não temos sequer uma página, e dependemos dos comentários de seus opositores e dos argumentos de seus adversários.

Para os cínicos e os estoicos, tudo é corpo, até mesmo as virtudes, a razão, a filosofia. A filosofia, por exemplo, era considerada um organismo, um sistema, constituída pela lógica, pela física e pela ética, na qual cada parte está interligada e dependente da outra. Bréhier via o estoicismo como uma filosofia sem fissura, um todo. Suas palavras são relevantes ao afirmar a respeito dela:

> Adequação completa do sábio a Deus, do homem ao universo, do prático ao teórico; aparece como uma espécie de limite ideal no qual todas as dualidades desaparecem; é por isso que a sabedoria estoica tem um valor permanente; o consentimento ao mundo, o *amor fati*, a indiferença ao acontecimento, como traços solidários que dão ao homem a liberdade interior e o fazem escapar ao desequilíbrio que nasce da instabilidade e da inconstância dos acontecimentos. O estoicismo, esta arte de viver, me parece então como uma sabedoria a qual, para aprovar ou para negar, se referem, doravante, todas as doutrinas filosóficas. Ainda aí, eu encontrei menos um sistema limitado e datado do que o ponto de partida de um élan que, com lentidões e retomadas, atravessou todo o pensamento ocidental (BRÉHIER, 1955, p. 4).

A própria razão é Deus, divina. Tudo está cheio de deuses, como dizia Heráclito. A própria natureza também é racional e, por ser racional e divina, não há nenhum mal ou culpa nas necessidades mais fisiológicas, ou biológicas. Eles afirmam com todas as letras uma espécie de materialismo levado às últimas consequências. As únicas coisas que existem são os corpos ou as forças, que são causas uns para os outros. Os estoicos inventam um mundo de encontros e de misturas de corpos, uns nos outros: como a água e o vinho. Inventam, antes mesmo da Antropofagia brasileira, esse mundo infernal de misturas e canibalismos. Deleuze retoma as anedotas:

> Com efeito, que significam esta gula, esta apologia do incesto, esta apologia do canibalismo? Como este último tema é comum a Crisipo e a Diógenes o Cínico, Laércio não dá nenhuma explicação para Crisipo, mas havia proposto uma para Diógenes, particularmente convincente: "Ele não achava tão odioso comer carne humana, como o fazem povos estrangeiros, dizendo que, em sã consciência, tudo está em tudo e por toda parte. Há carne no pão e pão nas ervas; estes corpos e tantos outros entram em todos os corpos por condutos escondidos e se evaporam juntos [...] esta tese, que vale também para o incesto, estabelece que na profundidade tudo é mistura" (DELEUZE, 2003, p. 134).

No limite, na superfície desse mundo "infernal" de encontros e de forças, estão os efeitos incorporais, impassíveis e neutros, compondo uma multiplicidade sem fim e sem laço desses "seres" incorporais. Vladimir Jankélévitch denomina-os "quase-nadas", pois não são seres, muito menos "nadas", subsistem, repetem-se na linguagem, no limite dos corpos. É no limite desse mundo de misturas, dessa superfície incorporal que Bréhier nos convida a pensar.

Os incorporais são esses acontecimentos na história da filosofia, quando ela começa a problematizar a fissura, a cicatriz e o ferimento, e tantos outros, apesar de conceber o mundo como um organismo, um todo. Segundo a lista de Sexto Empírico, os incorporais seriam quatro: o lugar, o vazio, o tempo e o exprimível, problematizados tanto na profundidade da física quanto na superfície lógica. Cada um desses quatro efeitos deverá ser compreendido na sua singularidade. É preciso termos cautela com cada um deles, pois seus nomes soam-nos como palavras comuns, cotidianas. Bréhier tomará a precaução de apontar minuciosamente como devemos compreender cada um; alertando-nos do risco de associarmos erroneamente o exprimível com a palavra, ou o significante; lembrará que o vazio não é parte do mundo, mas algo que, associado e exterior ao mundo, comporá "o tudo" (τὸ πᾶν); para compreender a singularidade do lugar, devemos nos desfazer da imagem contentor-conteúdo, o mundo representado como bonecas russas. Paradoxalmente, o lugar não tem lugar no mundo. Muito menos compreenderemos, dirá Bréhier, o tempo a partir de suas coordenadas: passado, presente e futuro. O tempo incorporal está fora dos seus eixos, infinito, como uma criança jogando dados, pertence somente àqueles que entraram num devir menor. Não é à toa que Deleuze busca na Alice de Carroll seu personagem mais eminente, sem altura e profundidade dos adultos. Os garotos só entram aí se forem gagos e canhotos, desfazendo-se de toda falsa sabedoria, animalidade e profundidade. Utilizando uma imagem de Peter Sloterdijk, é a criança que sopra bolas de sabão ou bolhas de ar, remetendo-nos a um espaço "quase" sem objetividade e sem estabilidade. Os primeiros estoicos possibilitam pensar uma nova e paradoxal imagem do pensamento: um pensamento sem imagem. É aí e por aí que perdemos a vontade de dizer a verdade, desfazemo-nos dos clichês mais banais e, com isso, da necessidade de um Deus a significar, de um mundo a designar e de manifestar os desejos e as vontades do sujeito.

    Momento forte na história da filosofia no qual a sabedoria marca seu território, e os estoicos cavam suas próprias trincheiras filosóficas. Até mesmo os estoicos posteriores desconfiavam dessa noção, criticando-a por sua falta de utilidade, seu vazio de pensamento. É nesse instante que Bréhier flagra esses personagens, no limite do mundo grego, em delito de fabulação, nesse momento impreciso de intensa criação filosófica, levando o pensamento (e juntamente a história da filosofia) à sua enésima potência. Podemos ler, portanto, *A teoria dos incorporais no antigo estoicismo* como um elogio aos incorporais, e não apenas como um resgate crítico dessa noção.

Como observa Bréhier, os primeiros estoicos são o *élan* que atravessou todo o pensamento ocidental. A posição deles na história da filosofia é excepcional. Embora não tenham levado até o fim a radicalidade da teoria dos incorporais, foram os primeiros a propor tal noção. *Teoria dos incorporais no antigo estoicismo* descreve muito bem a situação-limite do pensamento estoico na filosofia. Assim, podemos ler aí:

> Num sentido, eles estão tão longe quanto possível de uma concepção como as de Hume e de Stuart Mill, que reduzem o universo a fatos ou acontecimentos. Noutro sentido, entretanto, eles tornam possível tal concepção, separando radicalmente, o que nenhuma pessoa havia feito antes deles, dois planos de ser: por um lado, o ser profundo e real, a força; por outro lado, o plano dos fatos, que atuam na superfície do ser, e constituem uma multiplicidade sem laço e sem fim de seres incorporais.

É, portanto, nesse teatro filosófico de máscaras sobre máscaras que Bréhier nos incentiva a encenar, a pôr em ação.

Fernando Padrão de Figueiredo
José Eduardo Pimentel

Referências

BRÉHIER, Émile. *La théorie des incorporels dans l'ancien stoïcisme*. Paris: Vrin, 1997.

BRÉHIER, Émile. *Chrysippe et l'ancien stoïcisme*. France: Éditions des Archives Contemporaines, 2009.

BRÉHIER, Émile. *Études de philosophie antique*. Paris: PUF, 1955.

BRÉHIER, Émile. *Histoire de la philosophie I*: Antiquité et moyen age. France: PUF, 1994.

BRÉHIER, Émile (Org.). *Les Stoïciens*: introduction à l'étude du stoïcisme par Émile Bréhier. France: Éditions Gallimard, 2007.

DELEUZE, Gilles. *Lógica do sentido*. Tradução de Luiz Roberto Salinas Fortes. São Paulo: Perspectiva, 2003.

DELEUZE, Gilles; PARNET, Claire. *Diálogos*. Tradução de Eloisa Araújo Ribeiro. Rio de Janeiro: Escuta, 1998.

Introdução

Um traço característico das filosofias que nasceram depois de Aristóteles é a rejeição, para a explicação dos seres, de toda causa inteligível e incorporal. Platão e Aristóteles buscaram o princípio das coisas nos seres intelectuais; suas teorias derivavam, nessa perspectiva, da doutrina socrática do conceito, assim como das filosofias de Pitágoras e Anaxágoras, que colocaram o princípio das coisas nos elementos penetráveis ao pensamento claro. Ao contrário, é nos corpos que os estoicos e os epicuristas veem a realidade, a que age e a que padece. Com certo ritmo, sua física reproduz a dos físicos anteriores a Sócrates, enquanto em Alexandria, após eles, renasce o idealismo platônico, que recusa todo modo de atividade que não seja a de um ser inteligível.

Para encontrar as razões da evolução do platonismo ao estoicismo, seria interessante, parece-nos, buscar o lugar da ideia de incorporal nesse sistema. Segundo Sexto,[1] essa palavra designa nos estoicos as seguintes coisas: o "exprimível"

---

[1] Sext. *Adv. Math.* X 218 (S.V. F. d'Arnim II, 117, 20).

(λέκτον[2]), o vazio, o lugar, o tempo. A própria palavra "incorporal" foi pouco empregada nas doutrinas precedentes. Platão pouco se serve dela para indicar as Ideias; nós a encontramos por duas vezes quando ele quer opor sua teoria à de Antístenes, que somente admitia a existência de corpos.[3] É utilizada ainda para designar uma ideia retomada do pitagorismo, a harmonia entre os seres: seja no *Filebo*, a harmonia das partes do bem, seja no *Fédon*, a harmonia entre as partes do corpo, que, segundo os pitagóricos, constitui a alma.[4] Aristóteles emprega a palavra não para designar seu Deus separado [Motor Imóvel], mas para caracterizar a ideia de lugar numa teoria que, aliás, ele não admite.[5] Pelo contrário, os alexandrinos a empregaram habitualmente para designar os seres que ultrapassam o mundo sensível. Foram, portanto, os estoicos que parecem ter introduzido a expressão na linguagem corrente da filosofia; logo depois, ela foi utilizada, sobretudo, para combater suas ideias. Segundo o uso feito por Platão, não é impossível que essa palavra venha de Antístenes, que, antes dos estoicos, rejeitara, nos incorporais, os não seres como o lugar e o tempo.

É certo, com efeito, o sentido geral da teoria dos estoicos sobre os incorporais. Identificando o ser com o corpo, eles são, entretanto, levados a admitir o espaço e o tempo senão como existentes, ao menos como coisas definidas. É para esses nadas de existência que eles criaram a categoria de incorporal.[6] As fontes que utilizaremos neste

---

[2] *Lekton* ou 'exprimível'. (N.T.G.)
[3] Plat. *Soph.* 246 b; *Polit.* 286 a.
[4] *Phédon* 85 e; *Philèbe* 64 b.
[5] *Phys.* IV, I, 10.
[6] Não citaremos nenhum estudo geral sobre os incorporais. Para o "exprimível" e a lógica, ver Prantl *Geschichte der Logik im Abendl.*

estudo, exceto os compiladores e as doxografias (Estobeu, Diógenes Laércio, Aécio), vêm, sobretudo, dos adversários dos estoicos: os acadêmicos e os céticos (Cícero nos acadêmicos e Sexto), os comentadores de Aristóteles (Amônio, Alexandre de Afrodísia e Simplício) e os platônicos (Plutarco, Nemésio e Proclo). Por sua natureza, em geral, as fontes contêm apenas indicações muito breves sobre a sua doutrina, e vamos, com muito custo em alguns momentos, compreendê-la e completar as informações que elas nos fornecem.

Brochard, *sur la Logique des Stoïciens* (*Arch. F. Gesch. Der Phil,* 1892, v. V, n. 4); Hamelin, *sur la Logique des Stoïciens* (*Année philosophique,* 12ᵉ, 1902, p. 13). Os fragmentos dos antigos estoicos foram reunidos por Arnim (*Stoïcoverum Vet. Fragm,* v. I, Lipsiae, 1905; v. II (Lógica e física de Crisipo), 1903; v. III, 1903. Utilizaremos essa versão.

Capítulo 1
Do incorporal em geral

A crítica das ideias

Uma definição matemática é capaz de engendrar por si só uma multiplicidade indefinida de seres, que obedecem à lei expressa na definição. Existe entre tais seres e seu modelo uma espécie de relação de causalidade, a do caso particular à lei, da imitação ao modelo. É assim que Platão representava a ligação entre a Ideia e as coisas sensíveis determinadas por ela, mas não mostraremos isso neste momento. É possível que ele procurara introduzir em suas Ideias mais atividade e vida do que existe em uma fórmula matemática. Crisipo, o representante mais significativo do antigo estoicismo, certamente não pensava a doutrina platônica de outra forma. Temos, sobre esse tema, o testemunho de Gemino, um matemático do primeiro século a.C., que conhecemos como Proclo.[7] Segundo um teorema elementar, os paralelogramos, que têm a mesma base e cujos lados são compreendidos entre os mesmos paralelos, "são iguais". Por

---

[7] *In Euclid.*35, 25 (Arnim. S.V.F. II 123, I. 39).

meio desse teorema, pode-se construir, nos limites definidos, uma infinidade de figuras iguais. Do mesmo modo, as Ideias, segundo Crisipo, "compreendem (περιλαμβάνουσιν[8]) a gênese de seres indefinidos em limites determinados". A noção de limite é, portanto, essencial aos seres: a Ideia não faz senão indicar os limites aos quais um ser deve cumprir para existir, sem determinar melhor a natureza deste ser: ele pode ser o que for nesses limites, e, consequentemente, não é um único ser que é determinado, mas uma multiplicidade sem fim. Compreende-se, dessa forma, que Proclo, criticando os estoicos por terem abandonado as Ideias, faz sua crítica, sobretudo, por eles terem afastado os limites dos seres para fora da realidade.[9]

Com efeito, é essa concepção de causalidade que os estoicos refutam, e a noção de ser que dela deriva. A natureza de uma causa é determinada pela natureza das coisas ou dos fatos que essa causa tem por tarefa explicar. Ora, os estoicos querem explicar outra coisa e se posicionam em um ponto de vista diferente daquele sustentado por Platão e Aristóteles. Para estes, o problema era explicar o permanente nos seres, o estável, aquilo que poderia oferecer um ponto de apoio sólido ao pensamento por conceitos. A causa, seja ela a Ideia seja o motor imóvel, também é permanente, tal como uma noção geométrica. O movimento, o devir, a corrupção dos seres, o que eles têm de perpetuamente instáveis, não se deve a uma causa ativa, mas a uma limitação dessa causa, escapando por sua natureza a toda determinação e a todo pensamento. O que chama a atenção em um ser é, primeiramente, o elemento pelo qual ele se assemelha aos outros seres e que permite classificá-lo.

---

[8] *Perilambánousin* ou 'compreendem'. (N.T.G.)
[9] *In Euclid, def,* I, p. 89 (S.V.F. II, 159, 26).

Mas outro ponto de vista consiste em considerar este ser por sua história e sua evolução, do seu surgimento até o seu desaparecimento. O ser será, então, considerado não como parte de uma unidade superior, mas como sendo a unidade e o centro de todas as partes que constituem sua substância e de todos os acontecimentos que constituem sua vida. Ele será o desdobramento no tempo e no espaço desta vida, com suas contínuas mudanças.

Ora, é exatamente neste ponto que se situa, para os estoicos, o problema das causas. Eis aqui, segundo Sexto [Empírico],[10] alguns fatos pelos quais se conclui que existem causas: a semente e o desenvolvimento de um gérmen, o desenvolvimento de uma planta, a vida e a morte, o governo do mundo, o devir e a corrupção, a geração do semelhante pelo semelhante. Os exemplos são quase todos, como se pode observar, tomados de empréstimo dos seres vivos. Mesmo no caso contrário, os demais seres são, no pensamento íntimo dos estoicos, similares aos seres vivos. A coisa é demasiado conhecida para insistir nela longamente: o mundo inteiro, com sua organização e a hierarquia de suas partes, sua evolução que vai de uma conflagração a outra, é um ser vivo. Até o mineral, com a coesão de suas partes, possui uma unidade análoga à do ser vivo. Assim, o dado a explicar, isto é, a mudança do ser, é sempre análogo à evolução de um ser vivo.

Qual é a natureza desta unidade do ser vivo, unidade incessantemente móvel, unidade do contentor? Como as partes do ser são reunidas de modo a persistir? Será, como nos seres vivos, por uma força interna que os retêm; força que se chama nos minerais de ἕξις,[11] natureza nas plantas,

---

[10] Sexto. *Math.* IX 196 (Arnim S.V. F. II 118, 8).

[11] *Héxis* ou 'força'. (N.T.G.)

ou alma nos animais. Em todos esses casos, é indispensável que ela seja ligada ao ser mesmo no qual ela constitui a causa, como a vida só pode estar no ser vivo. Ela determina a forma exterior do ser, seus limites, não ao modo do escultor que faz uma estátua, mas como um gérmen que se desenvolve até certo ponto do espaço, e somente até este ponto, as suas capacidades latentes. A unidade da causa e do princípio traduz-se na unidade do corpo que ela produz. O princípio é tão verdadeiro para o mundo quanto para o menor dos seres particulares, cuja unidade se provaria, segundo Crisipo, pela unidade de seu princípio.[12] Nas matemáticas, que parecem ser o triunfo do platonismo, as figuras são consideradas não mais como provindo de uma definição que permite construí-las, mas como a extensão no espaço de uma força interna que se desdobra: a reta é a linha "esticada até a extremidade".[13] Dessa forma, a causa é, verdadeiramente, a essência do ser, não um modelo ideal que o ser se esforçaria em imitar, mas a causa produtora que age nele, vive nele e o faz viver; mais parecido, segundo uma comparação de Hamelin,[14] à *essentia particularis affirmativa* de Spinoza do que à *Ideia* platônica.

Sabe-se que Platão e Aristóteles admitiam uma explicação mecanicista da vida. Espinas mostrou, nas invenções mecânicas que se produziram na Grécia desde o século VI a.C., a razão dessa representação da vida.[15] O mais notável, malgrado esse impulso, é que os estoicos tenham retornado ao dinamismo e que conceberam todas as causas do universo segundo a analogia com a força vital.

---

[12] Plut. *De defectu orac.* Ch. 29 (Arnim S.V. F. II 13).
[13] Simpl. *In Arist. Cat.* F. 68e (S.V. F. II 149, 25).
[14] *Sur la Logique des Stoïciens* (Ann. Philos. 1901, p. 25).
[15] *Revue de Métaph.* 1905.

É essa mistura íntima da causa com o corpo que a desenvolve e a manifesta que leva à negação de toda espécie de ação incorporal e à afirmação que vamos agora examinar: "Tudo o que existe é corpo". Para compreender esta espécie de "materialismo", é necessário recordar que os estoicos, assim como os demais antigos, não tinham a noção de inércia da matéria, postulado fundamental do materialismo de nossa época. Segundo esse postulado, toda força só reside na matéria por empréstimo, visto que ela advém do exterior. Pela mesma razão, também temos dificuldade em representar a força como algo de imaterial, porque ela não é da essência da matéria. Nesse sentido, o estoicismo seria tão "espiritualista" quanto o dinamismo leibniziano, que não existiria sem tal influência. Na longa estrada percorrida, há inclusive um momento no qual o estoicismo, mesmo na sua física, apresentou um aspecto eminentemente espiritual e favorável à eclosão do misticismo: encontrou-se um meio, pelo recolhimento[16] sobre esta força interna que constitui o fundo de nosso ser, de se vincular à forma compreensiva do universo e se sentir vivo nela. Assim também, como para todos os antigos, o corpo enquanto tal é ativo por essência e em si mesmo. A afirmação de que tudo é corpo quer dizer unicamente que a causa, tal como nós a definimos, é um corpo, e o que sofre a ação dessa causa (τὸ πάσχον[17]) também é um corpo.[18] E

---

[16] Com esta expressão 'recolhimento', devemos nos lembrar das técnicas de si que foram utilizadas pelos estoicos, particularmente pelo estoicismo imperial, como a contemplação, a meditação, o diário, a confissão, etc.; presentes, por exemplo, na obra *Meditações* de Marco Aurélio. (N.T.)

[17] Tò *páskhon* ou 'o que sofre a ação'. (N.T.G.)

[18] Πᾶν τὸ δρῶν ἤ καὶ ποιοῦν σῶμα.* Aët. *Plac.*IV 20, 2 (V. S. F. II 128).

* "*Pân to drôn é kaì poioûn sôma*" – "corpo [é] tudo aquilo que age ou atua". (N.T.G.)

isso não é de modo algum uma recusa em reconhecer que haveria no universo um princípio espontâneo de atividade. O incorporal por natureza não pode, com efeito, nem agir nem padecer[19] no sentido que os estoicos consideram a atividade e também no sentido que eles falam do corpo, ou seja, substituindo uma concepção biológica da causa por uma concepção matemática, e dotando o corpo de atividade interna.[20]

Houve, certamente, nos estoicos, uma crítica acerca da atividade dos incorporais. Na argumentação de Cleantes e de Crisipo, encontramos certos princípios para mostrar que a alma é um corpo; essa argumentação foi conservada por Nemésio, que se esforça em reabilitar contra esta [argumentação] a ação do incorporal. Nós não temos nada a retificar aí, para conciliar essa argumentação com os argumentos conservados (em grande abundância) pelos quais os estoicos procuraram demonstrar que "toda qualidade é corpo"; pois eles supunham precisamente que o corpo é o único agente. No entanto, é necessário lembrar que desde a época de Platão uma vigorosa crítica da atividade das Ideias se encontra em Antístenes, o verdadeiro precursor dos estoicos tanto na teoria do conhecimento quanto na moral. Antístenes também afirmava, para escândalo de Platão, que todo ser era corpo, e os estoicos não fazem outra

---

[19] Sexto, Math.VIII 263 (V. S. F. II 123, 31).
[20] Aqui, Bréhier reforça a separação radical entre a dimensão dos corpos e dos incorporais. Cabe lembrar que essa separação não implica uma falta de relação: os corpos são causas uns para os outros de certos efeitos, estes não corporais. Como os incorporais não podem nem agir nem padecer, não podemos formar sobre eles nenhuma concepção biológica. Logo, os incorporais não têm uma atividade interna, produtora, ou seja, são efeitos de uma causa inteligente, racional e corporal. Ainda no primeiro capítulo, segundo o exemplo de Crisipo, Bréhier aproximará a superfície geométrica à superfície incorporal, ou seja, não existente. (N.T.)

coisa senão sustentar o princípio desta filosofia até o fim. A respeito da provocação de Platão: "eles não ousariam sustentar que a prudência e as virtudes não são nada ou são corpos",[21] eles [os estoicos] respondem, precisamente, que as virtudes são corpos.[22]

São conhecidos os argumentos de Cleantes contra a incorporeidade da alma; primeiro, a criança se parece com seus pais não apenas pelo corpo, mas pela alma. Como o semelhante e o dessemelhante pertencem ao corpo, e não aos incorporais: a alma é, portanto, um corpo. O segundo argumento é este: "um incorporal não padece com um corpo, nem um corpo com um incorporal. Tanto a alma padece com o corpo, quando ele está doente ou machucado, quanto o corpo com a alma na vermelhidão da vergonha ou na palidez do medo".[23] A esses dois argumentos, Crisipo acrescenta o seguinte: "A morte é a separação da alma e do corpo. Mas um incorporal não se separa do corpo, logo o incorporal não afeta o corpo".[24] Evidentemente, os princípios desses três argumentos ultrapassam a questão da natureza da alma: eles são destinados a mostrar que, em geral, o incorporal não pode ser nem agente nem paciente face ao corpo.

O primeiro desses princípios é o mais obscuro: Σώματος τὸ ὅμοιον καὶ τὸ ἀνόμοιον, οὐχὶ δὲ ἀσωμάτου,[25] ou, como diz Tertuliano: "a alma é corpo, pois ela está sujeita à semelhança e à dessemelhança". Um exemplo de

---

[21] *Soph.* 247bc.
[22] Sen. *Ep.* 117, 2.
[23] Tert. *de an.* 5 et Nemes. *de nat. hom.* P. 32 (S.V. F. I 116, 32).
[24] Nemes. *ib.* p. 53 (S.V. F. 219, 25).
[25] A tradução deste princípio: "*Sómatos tò hómoion kaì tò anómoion, oukhì dè asomátou*" é "[tanto o que é] semelhante quanto [o que é] dessemelhante pertence ao corpo, e não ao incorporal". (N.T.G.)

Crisipo, a superfície geométrica, poderá ao menos precisar esta dificuldade a propósito de um incorporal particular: Demócrito apresentou da seguinte maneira o problema do contínuo espacial: em um cone, se consideramos as seções cônicas circulares vizinhas umas das outras, ou bem essas superfícies serão desiguais e, então, a superfície do cone não será lisa mas apresentará asperezas, ou bem serão iguais, e a figura terá então a propriedade de um cilindro: e não será mais um cone. Segundo Plutarco, Crisipo resolvia a dificuldade dizendo que os círculos não eram nem iguais nem desiguais.[26] O que é, na opinião de Plutarco, um absurdo, pois é impossível conceber o que não é nem igual nem desigual. O absurdo deixaria de existir (e a resposta seria, de fato, singularmente profunda) se Crisipo fizesse entender que essas superfícies não existem. Ora, é esta resposta que decorre de todas as outras considerações sobre o contínuo: ele mostra que nenhum limite existe na divisão do espaço e que não se pode, por conseguinte, falar do número de partes contidas nas grandezas diferentes, como o mundo e o dedo de um homem, pois não existe mais ou menos no infinito.[27] É sob tal forma que ele mostra o não ser do Universo, assim como o tudo (τὸ πᾶν:[28] o que se diz ao mesmo tempo do mundo e do vazio que o envolve), mostrando que não é nem corporal, nem incorporal, nem movido, nem em repouso, etc.[29] É provável que, recusando no incorporal em geral o predicado de semelhante e de dessemelhante ao mesmo tempo, Cleantes quisera dizer que ele não é um ser.

---

[26] Plut. *De comm. Not.* Ch. 39 (S.V. F. II 159, 340).
[27] *Ibidem*, cap. 38 (S.V. F. II 159, I).
[28] *Tò pân* ou 'o tudo'. (N.T.G.)
[29] *Ibidem*, cap. 30 (S.V. F. II 167, 19).

Falta averiguar em que sentido ele entende essa dupla negação. Sabe-se que é introduzindo nas Ideias o semelhante e o dessemelhante, o mesmo e o outro, que Platão pensava poder resolver as dificuldades sobre a relação do sujeito ao predicado, que tinha sido questionada pelos filósofos de Mégara. Há na lógica estoica numerosos traços das doutrinas megáricas trazidos por intermédio de Antístenes.

Por outro lado, Aristóteles dera ao semelhante a seguinte definição no Capítulo IX do Livro IV da *Metafísica*: "São ditos semelhantes as coisas que têm uma propriedade idêntica (ταὐτὸ πεπονθότα[30]) ou que têm mais propriedades idênticas que diferentes". Ora, as propriedades (ποιότητες[31]) são corpos para os estoicos.[32] É, pois, impossível pensar que uma propriedade em geral pertença aos incorporais e, consequentemente, falar de sua semelhança ou dessemelhança. Se em nenhuma parte encontramos essa prova, ao menos vislumbramos suas consequências no estoicismo. O único incorporal que subsistirá não será a Ideia, como em Platão, substituída pela qualidade corporal, mas o vazio, a forma dos seres, privada de toda ação e de toda diferença.[33]

A propriedade de um ser era, em Platão, a presença de uma Ideia no ser. Os estoicos se esforçaram em definir a propriedade de modo a fazê-la nascer da qualidade fundamental do estado [corporal], sem a intervenção exterior de uma forma.[34] Daí resultou, em alguns deles, a distinção que

---

[30] *Tautó peponthóta* ou 'as coisas que têm propriedades idênticas'. (N.T.G.)
[31] *Poiotétes* ou as 'propriedades'. (N.T.G.)
[32] Gal. *de qual, inc.* I (S.V. F. II 136, 16).
[33] Cabe entender aqui o seguinte: os estoicos substituem a Ideia pela qualidade corporal. O vazio, e a forma dos seres (incorporais) são efeitos dos corpos, ou produzidos pela tensão corporal. (N.T.)
[34] Simpl. *in Ar.* cat. F. 57E (S.V. F. II 126, 21).

Simplício[35] nos faz conhecer entre o ποιόν[36] e a ποιότης.[37] Existem três espécies de ποιά[38]: no primeiro sentido, a palavra indica tanto as propriedades passageiras (correr, andar) quanto as propriedades estáveis. No segundo sentido, indica unicamente os estados (σχέσεις,[39] como o prudente). No terceiro, enfim, coincide inteiramente com a palavra ποιότης,[40] e indica unicamente as propriedades que chegaram a seu estado de perfeição e completamente permanentes (ἀπαρτίζοντας καὶ ἐμμόνους ὄντας[41]). Existe, nesse caso, bem mais do que a simples distinção das propriedades essenciais e acidentais: é a diferença íntima de natureza entre: a qualidade que é uma realidade corporal e ativa, sem necessidade de outra coisa para ser explicada, mas "que se limita a uma noção única"; e o ποιόν[42] do primeiro gênero, que é somente, no seu sentido primeiro, um resultado sem realidade corporal. É através dessa teoria, cujo desenvolvimento não explicitaremos aqui, que eles privaram a Ideia incorporal de toda eficácia e de toda propriedade, não encontrando aí senão o vazio absoluto do pensamento e do ser.

O segundo princípio é o seguinte: Οὐδέν ἀσώματον συμπάσχει σώματι, οὐδὲ ἀσώματω σῶμα, ἀλλὰ σῶμα σώματι.[43] Esse princípio, suprimindo toda ação recíproca

---

[35] Simpl. *in Ar. cat.* F. 55A (S.V. F. II 128, 31).
[36] *Poión* ou 'qualidade'. (N.T.G.)
[37] *Poiótes* ou a 'propriedade'. (N.T.G.)
[38] *Poiá* (plural de *poión*) ou 'qualidades'. (N.T.G.)
[39] *Skhéseis* ou 'estados, condições ou hábitos'. (N.T.G.)
[40] *Poiótes* ou 'propriedade'. (N.T.G.)
[41] *Apartízontas kaì emmónous óntas* ou 'sendo completos e permanentes'. (N.T.G.)
[42] *Poión* ou 'qualidade'. (N.T.G.)
[43] O princípio "*oudèn asomáton sympáskhei sómati, oudè asomátoi soma, allá soma sómati*" significa "nem o incorporal tem as mesmas afecções do

entre o mundo dos corpos e o inteligível, suprime também a necessidade do incorporal. Estamos pouco informados, de uma maneira direta, sobre sua demonstração, como do primeiro princípio. Mas o terceiro princípio, o de Crisipo, esclarece um pouco, mostrando em quais condições se poderia conceber a ação de um incorporal sobre o corpo. "O incorporal, diz Crisipo, não afeta (οὐκ ἐφάπτεται[44]) o corpo". Se imaginarmos que a ação da alma sobre o corpo só se faz por contato, com efeito, torna-se completamente impossível a ação da alma, supondo-a incorporal por natureza. Os estoicos parecem ter entrevisto aqui a dificuldade das relações da alma e do corpo, que constituirá um problema para as escolas cartesianas. Eles a resolvem de um modo simples, admitindo a corporeidade da alma. Com efeito, é a própria concepção de causalidade que está em jogo. São necessárias, para que ela subsista, duas condições que tornam impossível toda causalidade ideal:[45] primeiro, que as causas sejam da mesma substância que os efeitos (ὁμοούσια τοῖς ἀποτελουμένοις[46]), entendendo aqui por efeito a coisa efetuada; em seguida, que exista uma concepção única da causa. A primeira condição é necessária, pois sem ela não se concebe a penetração íntima da força e do corpo que constitui a causalidade biológica. A segunda não é menos necessária: Simplício indica-a, de fato, ao fazer uma crítica aos estoicos. Ele pensa, sem dúvida, na análise aristotélica da causa, que as tinha separado, por assim dizer, em diferentes

---

que é corporal, nem o corporal [as do] incorporal, mas [apenas o que é] corpo [tem as mesmas afecções] do que é corporal". (N.T.G.)

[44] *Ouk epháptetai* ou 'não toca'. (N.T.G.)

[45] Simplic. *In Arist. Cat.* f. 56Δ (S.V. F. II 628, 18).

[46] *Homooúsia toîs apotelouménois* ou "a mesma substância dos efeitos". (N.T.G.)

elementos que se associariam para concorrer na produção do efeito. Nessa teoria, a causa incorporal, como ação da forma, poderia subsistir paralelamente à causa material. Ao contrário, a teoria sustentada com insistência pelos estoicos é de que somente existe uma única causa.[47] Tratar-se-ia para eles de explicar a unidade do indivíduo, tanto a unidade do mundo quanto a unidade de uma pedra ou de um animal, e não esta unidade compreensiva de vários indivíduos que é o geral. Também a causa deve ser uma na intimidade do indivíduo. Essa força interior não pode, de forma alguma, conciliar-se com a ação exterior de um ser imaterial.

O nominalismo dos estoicos é menos um postulado da lógica do que um resultado da física. Eles veem o real e o ser apenas no indivíduo, pois é nele unicamente que se encontram a causa e o centro vital do ser. Entretanto, segundo outro ponto de vista, eles concederam, na sua própria física e na sua teoria geral das causas, um amplo espaço ao incorporal. Em vez de colocar o incorporal na causa dos seres, eles o colocam no efeito. É este ponto que vamos agora explicar.

A noção de fato na física

Os únicos seres verdadeiros que os estoicos reconhecem são a causa ativa (τò ποιοῦν[48]) e, ademais, o ser sobre o qual essa causa (τό πάσχον[49])[50] age. Ainda, devem-se acrescentar os elementos ativos do mundo, o fogo e o ar, que dão nascimento por transformação aos elementos passivos;

---

[47] Cf. sobretudo Sen. *Ep.* 65, 4 (S.V. F. II 120, 9).
[48] *To poión* ou 'ativo'. (N.T.G.)
[49] *To páskhon* ou 'passivo'. (N.T.G.)
[50] Fílon *de mund. op.* 8 (V. S. F. II 111, 18).

os três últimos, na conflagração universal, reabsorvem-se eles mesmos no fogo, pois o ser primordial é o fogo, a razão seminal do mundo. Os outros seres são produzidos por uma tensão menor, um relaxamento do fogo primordial. Eles não são nem os efeitos nem as partes dos seres primitivos, mas, antes, diferentes estados de tensão desse ser.

Nos seres ativos se encontram as qualidades dos corpos; estas são os sopros (πνεύματα[51]) nos quais a ação se mostra por seus efeitos. Inicialmente, existem as primeiras qualidades que pertencem aos elementos, o calor, o frio, o seco, o úmido, depois as outras qualidades sensíveis, como as cores e os sons.

É necessário observar que a enumeração desses seres, todos eles seres da natureza, não nos faz sair das causas e dos princípios. O mundo dos estoicos é composto de princípios espontâneos, contendo vida e atividade neles mesmos, e nenhum deles pode ser dito propriamente o efeito do outro. A relação entre causa e efeito entre dois seres está completamente ausente de sua doutrina. Se há relação, ela é de outro gênero: esses princípios são antes momentos ou aspectos da existência de um único e mesmo ser, o fogo, cuja história é a própria história do mundo.

Os seres reais podem, no entanto, interagir uns com outros e, por meio dessa relação, se modificar."Eles não são, diz Clemente de Alexandria expondo a teoria estoica, causas uns dos outros, mas causas uns para os outros de determinadas coisas".[52] Essas modificações são realidades? Substâncias ou qualidades? De modo algum: um corpo não pode dar a outro propriedades novas. Sabe-se de que modo paradoxal os estoicos são obrigados a representar para si mesmos as relações entre os corpos: para evitar essa produção de

---

[51] *Pneúmata* ou 'sopros'. (N.T.G.)
[52] *Strom.*VIII 9 (V. S. F. II 121, 4).

qualidades umas pelas outras, admitiam uma mistura (μῖξις ou κρᾶσις⁵³) dos corpos que se penetravam na sua intimidade e tomavam uma extensão comum. Quando o fogo esquenta o ferro em brasa, por exemplo, não se deve dizer que o fogo deu ao ferro uma nova qualidade, mas que o fogo penetrou no ferro para coexistir com ele em todas suas partes.⁵⁴ As modificações de que falamos são bem diferentes: não são realidades novas, outras propriedades, mas apenas atributos (κατηγορήματα⁵⁵). Assim, quando a navalha corta a carne, o primeiro corpo produz sobre o segundo não uma propriedade nova, mas um atributo novo, o de ser cortado.⁵⁶ O atributo, falando propriamente, não designa nenhuma qualidade real; branco e negro, por exemplo, não são atributos, nem em geral qualquer epíteto. O atributo é sempre, ao contrário, expresso por um verbo; isso quer dizer que ele não é um ser, mas uma maneira de ser, o que os estoicos denominam, na sua classificação de categorias, um πώς ἔχον.⁵⁷ Essa maneira de ser encontra-se, de certa forma, no limite, na superfície do ser, e não pode mudar sua natureza: ela não é, verdadeiramente falando, nem ativa nem passiva, pois a passividade suporia uma natureza corporal que sofre uma ação. Ela é puramente e simplesmente um resultado, um efeito que não pode ser classificado entre os seres.

Esses resultados de ação dos seres, que os estoicos foram talvez os primeiros a observar sob essa forma, é o

---

[53] Respectivamente, *míksis* ou 'mistura', e *krásis* ou 'contração', no sentido de fusão. (N.T.G.)
[54] Stob. *Ecl.* p. 154 (S.V. F. II 153, 8).
[55] *Kategorémata* ou 'dos atributos'. (N.T.G.)
[56] Sexto *Math.* IX 211 (S.V. F. II 119, 21); cf. as ideias de Arquidemo (S.V. F. 262, 31).
[57] *Pós ékhon* ou 'hábito'. (N.T.G.)

que chamaríamos hoje de fatos ou de acontecimentos: conceito bastardo que não é nem um ser nem uma de suas propriedades, mas o que é dito ou afirmado do ser. É esse caráter singular do fato que os estoicos ressaltavam, dizendo que ele era incorporal; eles o excluíam assim dos seres reais, apenas admitindo-o em certa medida no espírito. "Todo corpo torna-se assim causa para outro corpo (quando age sobre ele) de alguma coisa incorporal."[58] A importância desta ideia para eles se faz notar pelo cuidado que têm de exprimir sempre, na linguagem, o efeito por um verbo. Assim, não se deve dizer que a hipocondria é causa da febre, mas causa desse fato de que a febre aconteça,[59] e, em todos os exemplos na sequência, as causas não são jamais fatos, mas sempre seres expressos por um substantivo: as pedras, o mestre, etc.; e os efeitos – ser estável, fazer um progresso – são sempre expressos por verbos.

O fato incorporal está de todo modo no limite da ação dos corpos. A forma de um ser vivo é predeterminada no gérmen que se desenvolve e cresce. Mas essa forma exterior não constitui uma parte de sua essência; ela é subordinada como um resultado da ação interna que se estende no espaço, e esta não é determinada pela condição de preencher seus limites. Do mesmo modo, a ação de um corpo, sua força interna, não se esgota nos efeitos que produz: seus efeitos não são um custo para ele e não afetam em nada seu ser. O ato de cortar não acrescenta em nada à natureza e à essência da navalha. Os estoicos colocam a força e, por conseguinte, toda a realidade não nos acontecimentos, nos desdobramentos múltiplos e diversos que realiza o ser, mas na unidade que nele contêm as partes. Num sentido, eles

---

[58] Sexto, *ibidem.*
[59] *Clem. Alex. loc. cit.*

estão tão longe quanto possível de uma concepção como as de Hume e de Stuart Mill, que reduzem o universo a fatos ou acontecimentos. Noutro sentido, entretanto, eles tornam possível tal concepção, separando radicalmente, o que nenhuma pessoa havia feito antes deles, dois planos de ser: por um lado, o ser profundo e real, a força; por outro lado, o plano dos fatos, que atuam na superfície do ser, e constituem uma multiplicidade sem laço e sem fim de seres incorporais.

Mostraremos agora que os incorporais constituem a matéria de toda a lógica estoica, assim, substituindo-os na lógica aos gêneros e às espécies da lógica de Aristóteles. Seria necessário mostrar primeiramente na física as razões desta revolução da lógica.

Capítulo 2

O incorporal na lógica e na teoria dos "exprimíveis"

Do exprimível em geral

A realidade lógica, elemento primordial da lógica aristotélica, é o conceito. Esse elemento é, para os estoicos, algo completamente diferente; não é a representação (φαντασία[60]), que é a modificação da alma corporal por um corpo exterior, nem a noção (ἔννοια[61]), que é formada na alma sob a ação de experiências semelhantes. É algo totalmente novo o que os estoicos denominam um exprimível (λέκτον[62]).

Eis, segundo Sexto, uma dificuldade que diz respeito à teoria dos exprimíveis, e é inverossímil que se saia facilmente dela.[63] Um grego e um bárbaro escutam a mesma

---
[60] *Fantasia* ou 'representação'. (N.T.G.)
[61] *Énoia* ou 'noção'. (N.T.G.)
[62] *Lekton* ou 'exprimível'. (N.T.G.)
[63] Sexto, *Math.* VIII II (S. V. F. II 48, 19). O σημαινόμενον deste texto retoma ao λέκτον*; cf. I. 23.

* Respectivamente, *semainómenon* ou 'o objeto significado', e *lekton* ou 'exprimível'. (N.T.G.)

palavra: ambos possuem a representação da coisa designada pela palavra; entretanto, o grego a compreenderá, enquanto o bárbaro não. Que outra realidade existiria, portanto, além do som de um lado e o objeto de outro? Nenhuma. O objeto, como o som, permanece sendo o mesmo. Mas o objeto, para o grego, não digo que seria uma propriedade (visto que sua essência permanece a mesma nos dois casos), mas um atributo que não existe para o bárbaro, ou seja, o de ser significado pela palavra. É esse atributo do objeto que os estoicos chamam de exprimível. Segundo o texto de Sexto, o objeto significado (τὸ σημαινόμενον[64]) difere do objeto (τὸ τυγχάνον[65]) precisamente porque esse atributo é afirmado sem alterar a natureza do objeto. O λέκτον[66] foi tão inovador que Amônio, intérprete de Aristóteles, teve grande dificuldade em incluí-lo nas classificações peripatéticas. Para Aristóteles, a coisa significada pela palavra seria o pensamento (νόημα[67]), afirma Amônio, e é através do pensamento que se torna objeto (πρᾶγμα[68]). "Os estoicos, acrescenta Amônio, concebiam um intermediário entre o pensamento e a coisa, que eles nomeiam como 'exprimível'."[69] Amônio não aprova essa adição; e, com efeito, a teoria de Aristóteles lhe é suficiente, pois o pensamento é o objeto designado. Isso não ocorre com os estoicos. Para eles, o pensamento seria um corpo, e o som (da palavra) também seria um corpo. Um corpo tem sua própria natureza independente, sua

---

[64] *Tò semainómenon* ou 'o objeto significado'. (N.T.G.)
[65] *Tò tingkhánon* ou o 'objeto'. (N.T.G.)
[66] *Lekton* ou 'exprimível'. (N.T.G.)
[67] *Nóema* ou 'o pensamento'. (N.T.G.)
[68] *Pragma* ou 'o objeto'. (N.T.G.)
[69] Amm. in *Ar. de interpr.*, p. 17, 24 (S.V. F. II 48, 31).

unidade. O fato de ser significado por uma palavra deve então ser acrescentado como um atributo incorporal que não o modifica em nada. Essa teoria suprimia toda relação intrínseca entre a palavra e a coisa: pode-se, sem dúvida, associá-las à compreensão de Crisipo sobre a anfibologia. Para ele, com efeito, o laço entre a palavra e o pensamento torna-se muito frágil, de maneira tal que um mesmo nome pode designar várias coisas.[70]

No entanto, se a teoria dos exprimíveis não tinha outra aplicação, não se compreenderia o papel que ela tem na lógica. Todos os elementos que pertencem à lógica, os atributos, os julgamentos, as ligações de julgamentos, também são exprimíveis. É visível, logo na primeira leitura, que esses elementos não podem se reduzir às coisas significadas por uma palavra: o atributo (κατηγόρημα[71]), por exemplo, indica o que é afirmado de um ser ou de uma propriedade; não acharemos em lugar algum a seguinte ideia, à qual, aliás, seria bem difícil dar um sentido plausível: de que o fato de ser afirmado é idêntico ao fato de ser significado, que o κατηγόρημα[72] é um σημαινόμενον.[73] De modo geral, se o "significado" é um "exprimível", não vemos, de modo algum, que o exprimível seja um "significado". Essa interpretação equivocada do "exprimível" foi muito difundida, a ponto de Arnim sancioná-la, em sua edição dos antigos estoicos, intitulando os fragmentos relativos à lógica da seguinte maneira: περὶ Σεμαινόμενων ἢ Λεκτῶν.[74]

---

[70] Galeno. *de sophism.* 4 (S.V. F. II 45, 35).
[71] *Kategórema* ou 'atributo', ou 'ser afirmado de'. (N.T.G.)
[72] *Kategórema* ou 'atributo', ou 'ser afirmado de'. (N.T.G.)
[73] *Tó semainómenon* ou 'ser significado'. (N.T.G.)
[74] *Perí semainómenon kaì lekton* ou "sobre os significados e [sobre os] exprimíveis". (N.T.G.)

Tal erro ocorreu pelo fato, que existe uma fusão íntima entre o exprimível e a linguagem; segundo Sexto, todo exprimível deve ser expresso,[75] ou seja, deve ser enunciado por uma palavra significativa do pensamento.[76] Mas o fato de ser expresso (Λεγέσθαι[77]), que é um predicado do exprimível, não deve, de toda forma, ser confundido com o fato de ser significado (τὸ σημαινόμενον[78]), que é um exprimível e um predicado de objeto. Assim, conclui-se apressadamente que todo exprimível seria designado por palavras, que sua natureza seria precisamente a de ser designada ou significada por palavras. Um erro inverso, mas de mesma natureza, foi cometido por um crítico antigo do estoicismo, Amônio, que identificou os exprimíveis às palavras da linguagem.[79] Esse erro repousa na exposição de Sexto ou em uma exposição muito parecida. "Os pensamentos, diz Amônio, podem ser proferidos (ἐκφορικά[80]). Mas nós os proferimos por palavras, e as palavras são exprimíveis." Nesse caso, o exprimível (λέκτον[81]) foi confundido com o que é expresso e proferido (λεγόμενον, ἐκφερόμενον[82]), ou seja, com a palavra. Dessa forma, analisaremos o que é realmente o exprimível.

---

[75] Cabe observar a importância da teoria da expressão em Gilles Deleuze, por exemplo, na obra *Lógica do sentido* e *Spinoza e o problema da expressão* (*Spinoza et le problème de l'expression*). (N.T.)

[76] Sexto, *Math*.VIII 80 (S.V. F. II 48, 27).

[77] *Legésthai* ou 'ser dito'. (N.T.G.)

[78] *Tò semainómenon* ou 'ser significado'. (N.T.G.)

[79] Amm. *in Arist. An. pr.*, p. 68, 4 (S.V. F. II 77, 7).

[80] *Ekphoriká* ou 'ser proferido'. (N.T.G.)

[81] *Lekton* ou 'exprimível'. (N.T.G.)

[82] Respectivamente, *legómenon* ou 'ser exprimido', e *ekpherómenon* ou 'proferido'. (N.T.)

O lugar do exprimível, no sistema de objetos representados ao espírito, é difícil de se determinar. Sexto, o que é confirmado por Diócles, nos diz o que está na representação racional: o exprimível.[83] Enquanto a representação comum se produz pelo contato de um corpo que marca sua impressão na parte hegemônica da alma, ao contrário, parece que, na representação racional, há mais espontaneidade.[84] É o pensamento que a constrói, reunindo, aumentando, diminuindo os objetos sensíveis que a ele são dados imediatamente; os objetos, neste caso, não são causa ativa, mas a razão. Diócles enumera os diferentes procedimentos pelos quais a razão age: a semelhança, a analogia, a substituição, a composição, a contradição, a transição, a privação.[85] Pode-se dizer, com Sexto, que nesse caso a alma tem uma representação a respeito dos objetos, e não através deles. O λέκτον,[86] portanto, seria idêntico, segundo o testemunho de Sexto, às noções derivadas da experiência pela razão. Mas, se considerarmos o conteúdo da lógica, tal ideia seria muito difícil de se admitir. Com efeito, de modo algum queremos intervir na noção desse gênero, ainda que o exprimível seja seu elemento próprio. Além do mais, a série de textos de Sexto e de Diócles contradiz a interpretação que se poderia, no nosso entender, legitimamente concluir dela: "Nos exprimíveis, dizem eles, uns

---

[83] Sexto *Math*. VIII 70 (S.V. F. II 61, 21). Diócles ap. *Diog. La.* VII 63 (II 58, 28).

[84] Para os estoicos, a representação originária é corporal (origina-se no encontro dos corpos), logo, essa representação teria de apresentar mais vitalidade e espontaneidade (por ser ação e corpo) do que a representação racional, por meio da qual se expressaria o incorporal. (N.T.)

[85] *Diog. La.* VII 52 (S.V. F. II 29, 9). Cícero propõe uma enumeração menos completa em *de fin*. III 33 (III 16, 26).

[86] *Lekton* ou 'exprimível'. (N.T.G.)

são incompletos, outros completos". Os exprimíveis incompletos são os atributos de juízo, enunciados nos verbos sem sujeito: "escreve, fala". Os completos são, para somente considerar agora os mais simples, o verbo acompanhado de seu sujeito. Se estes são exprimíveis (e não há nenhuma razão de crer o contrário), neste caso, nós não encontraremos aí os objetos de representação racional, as noções que já definimos. Os exprimíveis limitam-se aos atributos, tanto sem sujeito quanto acompanhados de sujeito. Dir-se-á que a noção se encontra precisamente no sujeito dos juízos? Nós não diríamos que os estoicos tenham admitido na sua lógica outros juízos senão aqueles que a lógica moderna denominou singulares, nos quais o sujeito é um indivíduo. Na classificação dos juízos simples, segundo Sexto, entre as três espécies de juízos, existem os juízos definidos, que têm por sujeito um indivíduo que se indica ('este aqui'), e os indefinidos, por seres que não se indicam (um homem), mas que permanecem sendo um indivíduo.[87]

Propriamente falando, segundo outras fontes, os exprimíveis são citados não como idênticos às representações racionais, mas como se fossem uma espécie dentre elas. No primeiro texto, segundo a classificação das noções de Diócles já citada acima, o exprimível é citado com o lugar, como um exemplo de noções obtidas "segundo uma transição" (κατὰ μετάβασιν[88]). Essa "transição" implica que o objeto da representação seja composto e que o pensamento vai de uma parte à outra.[89] Se investigarmos a que exprimíveis tal

---

[87] Sexto, *Math.* VIII 96 (S.V. F. II 38).
[88] *Katá metábasin* ou "segundo uma alteração/modificação". (N.T.G.)
[89] Segundo o exemplo dado, o exprimível seria como o lugar (um dos quatros incorporais presentes na lista de Sexto Empírico), que seria também efeito da tensão ou ação corporal presente nos corpos. Assim, o lugar é efeito de encontros dos corpos sempre em ação, isto é, passagem ou transição

característica é aplicável, veremos que não corresponde a todos os casos. Ela não seria encontrada nem nos exprimíveis incompletos, nem nos juízos simples. Ao contrário, os juízos hipotéticos e os raciocínios contêm uma passagem do princípio à consequência que, somente ela, pode explicar a palavra "metabase".[90] Segue-se, no exemplo aqui citado, que Diócles não pretende falar de todos os exprimíveis, nem fazer com que todos eles entrem nessa categoria. Em outro texto de Sexto, que opõe o "representado" (φανταστόν[91]) sensível ao "representado" racional, permanece incerto se os exprimíveis incorporais, que ele cita na segunda definição, são indicados como um simples exemplo entre outros, ou se são indicados como o conjunto de todos os representados.[92] Mas a oposição dos corpos (que são certamente representações sensíveis) aos incorporais nos faria pender em direção à segunda alternativa.

Malgrado tais dificuldades, existem razões sérias para que não se confunda o exprimível com nenhum outro objeto da razão. Diócles divide as representações em sensíveis e não sensíveis, distinguindo, na segunda, as que chegam "mediante o pensamento" daquelas que são "incorporais e *das outras* coisas percebidas pela razão".[93] Como os exprimíveis devem seguramente ser classificados nos incorporais, existem, então, outros objetos da

---

da natureza. Por resultar da ação interna dos corpos, devemos pensar essas "ações internas", esses encontros, como intensidades, e não como encontros extensos, como se as ações fossem externas aos corpos. (N.T.)

[90] Cf. a μεταβατικὴ διανοία (Sexto S.V. F. II 43, 21) se refere a ἀκολουθία.*

* Respectivamente, *metabatiké dianoía* ou 'pensamento transitivo', e *akolouthía* ou 'consequência'. (N.T.G.)

[91] *Fantastón* ou 'o representado'. (N.T.G.)
[92] Sexto, *Math.* VIII 409 (S.V. F. II 29, 2).
[93] Diog. La. VIII 51 (S.V. F. II 24, 18).

razão que não são incorporais: e, com efeito, as noções racionais não são, de forma alguma, incorporais. Elas têm, por origem e por composição, traços reais que os corpos sensíveis deixam na parte hegemônica da alma. Existe aí uma fisiologia da noção que os estoicos não distinguem de sua psicologia.[94] Quando Zenão diz que as noções não são nem substâncias nem qualidades,[95] ele parece recusar a elas um corpo, pois os corpos se encontram unicamente nessas duas categorias [substâncias e qualidades]; mas a sequência do texto ressalta que ele tem em mente menos a substância da noção do que sua relação com o objeto representado, e é nesse sentido que elas são *como* substâncias e *como* qualidades, isto é, semelhantes aos corpos que lhes deixam impressões; mas isso não impede que elas sejam em si mesmas de natureza corporal. Dessa forma, poder-se-ia dizer que a ciência, que contém tais objetos da representação, é um corpo?[96] A arte e a ciência repousam sempre sobre a manutenção das impressões pela memória.

Compreende-se, neste caso, a distinção existente entre o exprimível, que é incorporal, e os outros objetos da razão, que são corporais. Vê-se também que Sexto confundiu a espécie com o gênero, qualificando de exprimível o objeto da representação racional em geral. Isto é, aliás, explicável, pois, na passagem em questão, ele tem a intenção de falar

---

[94] Entendemos aqui por noções (ἔννοια,) não todos os objetos pensados, (νοούμενα) que conteriam também os sensíveis e os exprimíveis, mas unicamente as noções gerais como aquelas do bem.*

 * Respectivamente, *énnoia* ou 'noção', e *nooúmena* ou 'objetos pensados'. (N.T.G.)

[95] μήτε τίνα μήτε ποία. Stob. *Ecl.* I, p. 136 (S.V. F. I 20).*

 * *Méte tina méte poía* ou "nem substância nem qualidades". (N.T.G.)

[96] Sexto, *Math.* VII 38 (S.V. F. 42, 23).

unicamente dos objetos da lógica, e que esses objetos se reduzem aos exprimíveis.

Devemos, primeiramente, indicar as falsas concepções do exprimível, possíveis graças à penúria e à obscuridade dos textos, para estabelecer a verdadeira. Fora das substâncias e das propriedades, que são corpos, não existiria nada mais na natureza. Mas, como vimos, sua força interna se manifesta na superfície das coisas, e esses aspectos exteriores não são nem corpos, nem partes dos corpos, mas atributos (κατηγορήματα[97]) incorporais. O primeiro gênero de exprimíveis que podemos apontar, o exprimível incompleto, é idêntico a esse atributo dos corpos. É necessário, para bem compreendê-lo, desfazer-se da ideia de que o atributo de uma coisa é algo existente fisicamente (o que existe é a coisa mesma), e desfazer-se também da ideia de que o atributo, sob seu aspecto lógico, como parte de uma proposição, é alguma coisa que existe no pensamento. Nesta condição, pode-se conceber que atributo lógico e atributo real são, na verdade, dois incorporais e inexistentes, coincidindo inteiramente.

Os atributos dos seres são expressos não por epítetos que indicam propriedades, mas por verbos que indicam atos (ἐνεργήματα[98]).

Se considerarmos agora a natureza da proposição (ἀξίωμα[99]) na dialética, encontraremos uma solução do problema da atribuição que faz coincidir inteiramente o atributo lógico da proposição com o atributo tal como o definimos. Esse problema foi uma das maiores preocupações das escolas que sucederam Sócrates, e poderíamos

---

[97] *kategorémata* ou 'atributos', ou 'ser afirmado de'. (N.T.G.)
[98] *Energémata* ou 'dos atos'. (N.T.G.)
[99] *Aksíoma* ou 'o axioma'. (N.T.G.)

dizer que é para resolver essas dificuldades que Platão elaborou sua teoria das ideias. Os estoicos, parece que precedidos nesse ponto pelos filósofos da escola megárica, deram uma solução profunda e genial, que não faz nenhum apelo a uma teoria das ideias. Se o sujeito e o predicado em uma proposição são considerados conceitos de mesma natureza e, particularmente, conceitos indicando classes de objetos, ter-se-ia grande dificuldade para compreender a natureza da ligação indicada pela cópula. Se elas são de classes diferentes, exteriores umas às outras, não podem se articular. Se elas são idênticas, nós nos limitaríamos aos juízos de identidade. A ligação de participação, que Platão havia elaborado, e a de inclusão, que Aristóteles utilizava preferencialmente, eram soluções possíveis a tal dificuldade. Mas tais soluções, que, para os modernos, somente dizem respeito aos pensamentos, tinham, para os antigos, um alcance metafísico que não se podia escandir. Os termos do juízo designam, com efeito, não apenas pensamentos, mas seres reais. Ora, se a realidade se concentra, para os estoicos, no indivíduo, uma teoria semelhante a essa seria inadmissível. Com efeito, cada indivíduo não somente possui, mas é uma ideia particular (ἰδίως ποιόν[100]) irredutível a outra qualquer. Para que essas realidades participem uma da outra, ou estejam incluídas umas na outra, seria necessário que dois indivíduos fossem indiscerníveis um ao outro, ou que o mesmo indivíduo pudesse ter nele mais de uma qualidade própria, o que é absurdo.[101] Duas realidades não podem coincidir.

Restaria a solução de examinar diferentemente a natureza do predicado. Sabe-se que certos megáricos

---

[100] *Idíos poión* ou 'ideia particular'. (N.T.G.)

[101] Fílon *de incorruptib. m.* 236, 6b (S.V. F. II 131, 6).

recusavam enunciar os juízos sob sua forma habitual, com a ajuda da cópula *é*. Não se deve dizer, pensavam eles: "a árvore é verde", mas "a árvore verdeja". Dessa forma, há, nesse caso, uma solução do problema da predicação, que os estoicos nos mostram. Quando se negligencia a cópula *é* e se exprime o sujeito por um verbo, no qual o epíteto atributo não está posto em evidência, o atributo, todo ele reduzido ao verbo, então não exprime mais um conceito (objeto ou classe de objetos), mas somente um fato ou um acontecimento. Uma vez que a proposição não exige mais a penetração recíproca de dois objetos impenetráveis por natureza, ela só expressa certo aspecto de um objeto, à medida que ele realiza ou sofre uma ação; esse aspecto não é uma natureza real, um ser que penetra o objeto, mas o ato que é o resultado de sua atividade, ou da atividade de outro objeto sobre ele. O conteúdo da proposição, o que é significado por ela, não é, portanto, jamais um objeto, nem uma relação de objetos.

Segue-se disso que os estoicos somente aceitarão proposições contendo um verbo, pois no verbo se confundem para eles predicado e cópula. Veem-se, neste caso, quais são os juízos que eles excluem, aqueles nos quais os atributos indicam uma propriedade real do sujeito, e que também indicam relações entre conceitos. O que é expresso no juízo não é uma propriedade como 'um corpo está quente', mas um acontecimento como 'um corpo se esquenta'. Na classificação dos atributos, eles não distinguirão os juízos, como fez Aristóteles, pelo modo de sua ligação ao sujeito, mais ou menos essenciais ou acidentais. Eles querem distinguir somente as diversas maneiras pelas quais pode o acontecimento se exprimir. Sua classificação também segue de perto e chega a ser idêntica à classificação gramatical dos verbos. Classificam-se, primeiramente, os συμβάματα,[102] verbos pessoais indicando a ação de um sujeito (Sócrates passeia[103]), e os παρασυμβάματα,[104] verbos impessoais (Σωκράτει μεταμέλει[105]). Por outro lado, distinguem os predicados diretos, composto, de um verbo com um complemento que sofre a ação; os predicados passivos, que são os verbos passivos; entre eles os predicados reflexivos (verbos reflexivos); e, enfim, os que não são nem diretos, nem passivos (φρονεῖ[106]).[107]

Não se deve ver uma simples sutileza na substituição da forma verbal pela cópula. Os estoicos querem indicar, dessa forma, que eles não aceitam outras proposições que não as proposições de fato. Sem dúvida, o fato pode ser necessário ou contingente, verdadeiro ou falso, possível ou impossível, e, nesse sentido, suas diferentes modalidades são ainda admissíveis. Contudo, como se pode notar, isso se dá num sentido bem diferente da lógica dos conceitos, nas quais essas modalidades repousam sobre a ligação essencial ou acidental do sujeito com o atributo. Neste caso, temos apenas um único gênero de ligação que, segundo a lógica de Aristóteles, seria acidental (e que os estoicos vão, aliás, designá-la pela palavra συμβάμα[108]), ou seja, a do acontecimento ao seu sujeito.

O problema da atribuição é resolvido, portanto, suprimindo-se qualquer realidade verificável nos predicados. O

---

[102] *Symbámata* ou 'verbos pessoais'. (N.T.G.)

[103] No original está escrito "Socrate se promène". O verbo em francês é reflexivo, indicando que o próprio sujeito é responsável pela ação. Passear, portanto, seria uma atividade. (N.T.G.)

[104] *Parasymbámata* ou 'verbos impessoais'. (N.T.G.)

[105] *Socrátei metamélei* ou 'Sócrates contempla'. (N.T.G.)

[106] *Phroneí* ou 'calcula, avalia, pensa'. (N.T.G.)

[107] Porphy. ap. Ammon. *in Ar. de interpret.*, p. 44, 19 (S.V. F. II 59, 25).

[108] *Sýmbama* ou 'acidente'. (N.T.G.)

predicado não é nem indivíduo, nem conceito; ele é incorporal e existe tão somente no pensamento. Buscar-se-ia em vão o motivo pelo qual o predicado lógico da proposição poderia diferir dos atributos das coisas, considerados como resultados de sua ação. Todos os dois são designados pela mesma palavra, κατηγορήμα,[109] e encontram sua expressão nos verbos; ambos são incorporais e irreais. Do ponto de vista do real, a realidade da ação foi, por assim dizer, atenuada em proveito do ser permanente que o produz; do ponto de vista da lógica, o atributo foi privado de sua dignidade de objeto conceitual do pensamento, por não conter senão um fato transitório e acidental. Em sua irrealidade e através dela, o atributo lógico e o atributo das coisas podem, portanto, coincidir.[110]

As ciências experimentais, assim como as filosofias céticas ou críticas, condicionaram-nos a ver no fato, ou no acontecimento, a verdadeira realidade objetiva, e a considerar um objeto como resultado e síntese de um grande número de fatos; ao contrário, nos estoicos, ele é objeto de atribuição dos fatos. O centro do real é deslocado. Neste particular, a doutrina estoica é muito difícil de se compreender. Os fatos seriam o único objeto da experiência, e o pensamento, que procura observá-los e descobrir as suas ligações, é estranho a eles. Ao contrário, os estoicos, admitindo que os fatos eram incorporais e existiam apenas no pensamento, fizeram deles não o objeto, mas a matéria de sua dialética. No fundo, a característica comum a todas as lógicas antigas é a de serem realistas: os antigos nunca acreditaram que poderia existir pensamento de algo que

---

[109] *Kategórema*, neste caso, é ao mesmo tempo 'predicado lógico da proposição' e 'atributo das coisas'. (N.T.G.)

[110] Cf. Clem. Alex. *Strom.* VIII (S.V. F. I 263, 1).

não exista. Os estoicos, malgrado as aparências, permaneceram fiéis a esta tendência: se o pensamento dialético não comporta as realidades nas proposições, o atributo pensado não é menos idêntico que o atributo objetivo. Não concedendo ao pensamento a realidade tal qual a conceberam, eles apenas puderam recusá-la ao seu objeto.

Os atributos são apenas uma espécie particular de exprimíveis.[111] São exprimíveis incompletos os que se transformam em proposições, e são exprimíveis completos os que respondem à questão: "qual é o sujeito da ação?".[112] Aí estão as proposições simples: os outros exprimíveis completos são proposições compostas que se obtêm por uma combinação de proposições simples, um exemplo é o que denominamos na atualidade como proposição hipotética (o συνημμένον[113] dos estoicos). Enfim, essas proposições combinam-se em raciocínios que nunca são chamados de exprimíveis,[114] mas são, sobretudo, uma sequência de exprimíveis. O essencial do λέκτον[115] é o de ser, portanto, atributo ou acontecimento, com sujeito ou sem sujeito. É interessante notar que, na exposição de Porfírio, a própria proposição é denominada atributo (κατηγορούμενον[116]); é, tão somente, um atributo completo (τέλειον[117]).[118] Toda atenção do dialético volta-se ao atributo-exprimível. Nos

---

[111] Clem. Alex. *Strom.* VIII 9, 26 (S.V. F. I 109, 24). Diocles Magnes *Diog. La.* VII 63 (II 59, 11).

[112] *Ibidem.* (II 58, 30).

[113] *Synemménon* ou 'proposição hipotética'. (N.T.G.)

[114] Cf. a classificação de Fílon: *de agric.* 139 (S.V. F. II 58, 38).

[115] *Lekton* ou 'exprimível'. (N.T.G.)

[116] *Kategoroúmenon* ou 'atributo'. (N.T.G.)

[117] *Téleion* ou 'completo'. (N.T.G.)

[118] S.V. F. II 59, 30.

exemplos mais familiares da dialética estoica, como: é dia, φῶς ἐστι,[119] etc., as proposições exprimem fatos sem nenhum sujeito inerente. O exprimível, portanto, não é uma modalidade qualquer de representação racional, mas unicamente a do fato e do acontecimento. Constitui, como tal, a matéria de toda lógica; vamos, neste momento, examinar os efeitos dessa concepção na teoria do juízo e do raciocínio.

Do exprimível na teoria do juízo e do raciocínio

Não vamos aqui refazer uma exposição da lógica estoica, já analisada, com os desenvolvimentos necessários, nos importantes trabalhos de Brochard[120] e de Hamelin.[121]

Poderíamos talvez, no entanto, tendo por guia a concepção do exprimível incorporal, esclarecer alguns aspectos dessa lógica.

Posidônio dá a seguinte definição da dialética: "É a ciência das coisas verdadeiras e falsas, e daquelas que não são nem uma nem outra".[122] Essa definição, uma vez que difere da de Crisipo (é a ciência que concerne às coisas significantes e significadas), tem apenas por objeto excluir da dialética sua primeira parte, o estudo da linguagem, e, ademais, o de precisar, diminuindo sua extensão, o segundo objeto. Pois o σημαινόμενον,[123] designando tudo que é significado mediante uma palavra, é mais extenso que o verdadeiro e o falso, que só podem ser aplicados ao juízo. Mas a dialética, limitada por Posidônio, formava, em Crisipo, uma única parte, a teoria do juízo e do raciocínio.

---

[119] *Phôs esti* ou 'é dia', 'há luz'. (N.T.G.)
[120] *Archiv f. Gesch. Der Phil.,* t. V., p. 449.
[121] *Année philos.* (1901), p. 13.
[122] *Diog. La.* VII 62 (S.V. F. II 3).
[123] *Semainómenon* ou 'objeto significado". (N.T.G.)

A dialética, como virtude e como ciência, é uma realidade, isto é, um corpo; ela parece ser idêntica à verdade que é definida quase nos mesmos termos que ela, "a ciência indicadora de todas as coisas verdadeiras".[124] Mas seus objetos, o verdadeiro e o falso, não têm, de forma alguma, realidade. Com efeito, apenas o juízo é verdadeiro: ora, o juízo é um exprimível, e o exprimível é incorporal.[125] Vemos que, desde o início, estávamos no "não ser". As coisas verdadeiras e as falsas, por uma analogia evidente, ou seja, o juízo simples e o juízo composto, "não são nada".[126] Dir-se-á que os juízos exprimem alguma coisa, uma realidade, e que essa realidade é, por seu intermediário, o objeto da dialética? Isso seria desconhecer inteiramente o pensamento dos estoicos. A lógica não vai além do verdadeiro e do falso. Mas poderíamos dizer que, se a proposição não significa uma realidade, ela se reduz às palavras? De maneira alguma; as palavras são algo corporal e a proposição não. É necessário que o "não ser", estudado pela lógica, não seja nem as palavras nem as coisas. O "não ser" é o atributo das coisas designadas pelo exprimível, e somente ele, com efeito, pode ser verdadeiro ou falso: verdadeiro, se ele se vincula à coisa, falso, se não tem vinculação.[127]

Essa definição da dialética ganha seu sentido por oposição à de Aristóteles. Aristóteles atribuiu à ciência não o verdadeiro, mas o geral e o necessário. Uma proposição

---

[124]Sext. *Math.* VII 38 (S.V. F. II 42, 23).

[125]*Ibidem*, linha 21.

[126]Plut. *de comm. not.* 30 (S.V. F. II 117, 40).

[127]Sexto, *Math.*VIII 16 (S.V. F. II 63, 16). Αἰσθητόν e νοητόν são as palavras pouco habituais aos estoicos para exprimir σῶμα e ἀσώῶατον. – Cf. *ibidem,* VIII 100 (II 67, II).*

* Respectivamente, *aisthetón* ou 'sensível', *noetón* ou 'inteligível', *soma* ou 'corpo', e *asómaton* ou 'incorpóreo'. (N.T.G.)

pode ser verdadeira, segundo ele, e é possível reconhecê-la sem precisar conhecê-la cientificamente, isto é, por uma demonstração.[128] Os estoicos, por sinal, partem dessa observação para mostrar que não é necessário ser sábio para conhecer o verdadeiro, pois esse conhecimento não é necessariamente o da ciência.[129] Por outro lado, eles não poderiam substituir o necessário pelo verdadeiro no sentido peripatético, isto é, fundado numa inclusão de conceitos. Pois um fato, como tal, somente pode ser verdadeiro ou falso, sem jamais ter uma necessidade análoga à necessidade matemática. Eles também definem o necessário como uma espécie do verdadeiro, que sempre é verdadeiro (τὸ ἀεὶ ἀληθές[130]).[131] O necessário é, então, a universalidade de um fato, ou, como dizem, de uma atribuição que está presente em todos os seus momentos. Mas o verdadeiro não atinge sempre o permanente, ele se modifica constantemente, em razão da mudança perpétua dos acontecimentos. É essa natureza da proposição verdadeira que, segundo Alexandre de Afrodísia, permite aos estoicos conciliar a contingência dos acontecimentos com a ordem do destino. Eis aqui o argumento que parece bem singular: a proposição 'existirá amanhã uma batalha naval' é verdadeira se um acontecimento idêntico for determinado pelo destino. Mas ela não é necessária, por exemplo, pois deixará de ser verdadeira depois de amanhã.[132] A razão profunda dessa sutileza é que o necessário é concebido apenas como um fato ou um acontecimento permanente, enquanto o verdadeiro nada mais

---

[128]Cf. *An. post. I 23, 1; 1 31, 3*.

[129]Sexto, *Math.* VII 38 (S.V.F. II 42, 31).

[130]*Tò aeì alethés* ou 'o que é sempre verdadeiro'. (N.T.G.)

[131]*Diog. La.* VII 75 (S.V.F. II 64,19).

[132]*De fato* 10 (S.V. F. II 279, 30).

é que um acontecimento passageiro e fugitivo, que pode se tornar falso. Alguns estoicos parecem estar preocupados com tal relação da proposição verdadeira com o tempo. Admitiam-se passagens (μεταπτώσεις[133]) de proposições verdadeiras às falsas. Certas proposições não devem ser admitidas senão com essa restrição, e, ao final de um tempo indeterminado, elas se tornarão falsas.[134] Este caso particular, acrescentado à enumeração de diversas modalidades de uma composição (possível, necessário, racional),[135] mostra claramente que a proposição é tratada e descrita como um acontecimento possível, necessário ou passageiro.

Assim, o verdadeiro e o falso, objetos da dialética, são os juízos simples, idênticos não em sua forma verbal, mas em sua natureza (isto é, no que eles exprimem), aos acontecimentos. Mas esses juízos simples são religados entre si nos juízos complexos, por meio de conjunções diversas. A classificação dessas proposições segue passo a passo a análise gramatical e não parece ter, em primeiro lugar, senão um suporte linguístico. Existem várias espécies de conjunções, a conjunção de conexão (συναπτικός[136]), como εἰ;[137] a conjunção copulativa e (συμπλεκτικός[138]), a conjunção disjuntiva (ἤτοι διαζευκτικός[139]), a conjunção

---

[133] *Metaptóseis* ou 'queda' (N.T.G.).*

* Neste caso, Bréhier se utiliza da palavra 'queda' (*chutes*), ou 'passagem', para indicar a ideia de processo, ou movimento, que torna uma sentença verdadeira em uma falsa; a queda designaria o movimento descendente na hierarquia dos valores de verdade e falsidade. (N.T.)

[134] Simplic. *in Arist. phys*, 1299 (S.V. F. II 67, 271).

[135] *Diog. La.* VII 75 (S.V. F. II 64, 25).

[136] *Synaptikós* ou 'conexão'. (N.T.G.)

[137] *Ei* ou "se". (N.T.G.)

[138] *Symplektikós* ou 'copulativa'. (N.T.G.)

[139] *Étoi diazeuktikós* ou 'disjuntiva'. (N.T.G.)

que marca a causa (διότι[140]); e aquela que não tem aqui um nome especial, que indica o mais e o menos. Existem tantas proposições complexas quantas conjunções: a proposição hipotética (συνημμένον[141]), conjuntiva, causal, marcando o mais e o menos.[142] Desde a Antiguidade e sobre esta questão mesmo, Galeno criticava a escola de Crisipo por estar mais presa à linguagem que aos fatos. Em uma proposição conjuntiva, por exemplo (vide o exemplo de Galeno), não há nenhum meio de diferenciar, pela simples forma verbal, se os fatos afirmados, em cada elemento, estão vinculados ou não por alguma ilação de consequência: ao invés de diferenciar duas espécies de conjunções, os discípulos de Crisipo as sintetizam em apenas uma.[143]

Se os estoicos se expunham a tal crítica, é porque, desde seu ponto de partida, afirmam a impossibilidade de se proceder diferentemente da análise gramatical. Cada termo de uma proposição complexa exprime um fato (ou: é um exprimível). A causa de cada um desses fatos é um corpo, ou vários, conhecidos pelos sentidos. Mas a ligação entre esses fatos não é objeto da sensação. Ela é necessariamente tão irreal quanto os próprios fatos. É, também, um exprimível. Quando um estoico fala, a propósito dos acontecimentos, de consequência e antecedente, de causa e efeito, não pensa, tal como Hume, em dar aos próprios fatos, incorporais e inativos, uma força interna que os uniria uns ao outros. O que faz que uns não sejam capazes de produzirem outros. Se se pode empregar, neste caso, as expressões de 'consequência' e de

---

[140] *Dióti* ou 'causa'. (N.T.G.)

[141] *Synemménon* ou 'proposição hipotética'. (N.T.G.)

[142] Acompanhamos a posição de Diócles *apud Diog. La*VII 71 (S.V. F. II 68, 12).

[143] *Intr. dial.* 4 (S.V. F. II 68, 31).

'causa', é unicamente por analogia, como diversas vezes fomos alertados: "Os estoicos, diz Clemente de Alexandria, dizem que o corpo é causa no sentido próprio, mas o incorporal o é de uma maneira metafórica, e ao modo de uma causa". O incorporal do qual tratamos aqui é, seguramente, o exprimível ou juízo, como mostra o testemunho de Diócles: na proposição dita causal (αἰτιῶδες[144]), 'porque faz dia então está claro', o primeiro termo não é considerado causa do segundo, mas "como se fosse causa do segundo".[145] Essa espécie de causalidade irreal não pode encontrar, de forma alguma, seu ponto de apoio e seu objeto no mundo exterior, mas é, unicamente, uma expressão na linguagem. Somente a linguagem, com suas conjunções, permite-nos exprimir os diferentes modos de ligação, que não correspondem a nada de real, e deve-se limitar à análise da linguagem.

Conclui-se que tal ligação de fato é simplesmente arbitrária, e que não basta associar os termos por conjunções para obter um juízo admissível? Aí está, certamente, aos olhos dos estoicos, o que constitui a principal dificuldade: os quadros da ligação, por um lado, são como categorias vazias, e, por outro lado, os fatos que aí devem entrar são sem ação, propriamente dita, uns sobre os outros, na condição atômica e dispersa. Trata-se, entretanto, de distinguir o juízo complexo verdadeiro ou são (ὑγιές[146]) do juízo falso, o que poderá ser aceito do que não pode sê-lo. De fato, os diversos líderes do estoicismo tiveram sobre este

---

[144] *Strom.* VIII 9 (S.V.F. II 119, 41) αἰτιωδῶς.*

    * *Aitiôdos*. Literalmente, com a forma (eidos) de causa (aitía). (N.T.G.)

[145] οἱονεὶ αἴτιον. *Diog. La.* VII 71 (S.V.F. II, 68, 24).*

    * *Oionei aition* ou 'como causa'. (N.T.G.)

[146] *Hygiés* ou 'são'. (N.T.G.)

tema, conforme Cícero,[147] numerosas divergências. As teorias de Fílon de Larissa e de Diodoro parecem ressaltar os dois limites opostos, entre os quais se encontram as outras soluções. Em primeiro lugar, era possível deixar os fatos no seu estado de dispersão: um fato indicado na proposição condicional pode estar associado a qualquer fato enunciado na principal (trata-se de um συνημμένον[148]). O que é muito próximo da teoria de Fílon. Seja qual for o conteúdo do fato, consideraremos unicamente se ele é verdadeiro ou falso. Em um συνημμένον, composto de duas proposições, existe unicamente quatro combinações possíveis de proposições verdadeiras e falsas; entre essas quatro combinações, Fílon aceita três (1ª prop. verdadeira, 2ª verdadeira; 1ª falsa, 2ª falsa; 1ª falsa, 2ª verdadeira) e rejeita apenas a quarta: verdadeira e falsa. A razão dessa rejeição não é evidente *a priori*; não está conforme ao princípio segundo o qual os exprimíveis não podem agir ou padecer uns em relação aos outros: talvez seja necessário ver nisso uma inconsequência devido aos ataques dos acadêmicos que tiveram a desenvoltura de criticá-los por fazerem o falso decorrer do verdadeiro. De maneira totalmente contrária à de Fílon, Diodoro procura introduzir uma ligação de necessidade entre as duas proposições. Deixando de lado a teoria particular de Diodoro, tentaremos mostrar como os estoicos puderam evitar as consequências trazidas à luz por Fílon.

Consideremos este nexo entre cada uma das proposições complexas. No caso da proposição hipotética e causal, temos, em primeira mão, o testemunho de Diócles:[149] um

---

[147] *Acad.* II 47, 143. Cf. para os que retomam Fílon, Diodoro e Crisipo, nesta teoria, Brochard, *loc. cit.*

[148] *Synemménon* ou 'proposição hipotética'. (N.T.G.)

[149] Ap. *Diog. La.* VII 73 (S.V. F. II 70, 20).

συνεμμένον é verdadeiro quando "a oposição da proposição final contradiz a proposição inicial". A oposição de uma proposição (e em geral de um termo) é, segundo Sexto,[150] a proposição acrescentada por uma negação que a comanda inteiramente. A definição do contraditório (τὸ μαχόμενον[151]) é bem mais complicada de se definir: "é contraditória uma coisa que não pode ser admitida (παραληφθῆναι[152]) ao mesmo tempo que uma outra". A oposição de: 'é dia', é 'não é dia'; o contraditório é 'é noite'. Se dois termos A e B são opostos, é evidente que não A conterá mais do que B, 'o não vício contém mais que a virtude'.[153] O exemplo dado por Diócles é este: 'se é dia, está claro'. A oposição da segunda proposição: 'não está claro' contradiz a 'é dia'. Contudo, do ponto de vista estoico, haveria neste caso uma evidente dificuldade: se o contraditório tem um sentido num sistema definido de conceitos, não o tem mais quando se trata unicamente de fatos. Um fato existe ou não existe; mas como poderia ser contraditório que um fato de uma natureza determinada (o dia) esteja associado a um fato de outra natureza (a noite)? Essa dificuldade conduziu alguns estoicos a ver nos συνημμένα[154] apenas as proposições idênticas, como 'se é dia, é dia'. Visto que a oposição da segunda [proposição] não é a contradição da primeira, mas sua oposição. Para irmos mais longe, precisaríamos de um

---

[150] *Math.* VIII 88 (S.V. F. II 70, 7).

[151] *Tò makhómenon* ou 'contraditório'. Esta palavra tem o significado primordial de "o que está sendo combatido" e é muito mais empregada em guerras do que em discursos. É sinônimo de *pólemos*, donde vem a palavra 'polêmica', esta, sim, mais frequente em relação ao discurso. (N.T.G.)

[152] *Paralephthênai* ou 'ser admitido'. (N.T.G.)

[153] Simplic. *In Arist. Cat.* P. 102 Z (S.V. F. II 50, 33).

[154] *Synemména* (plural de *synemménon*). *Synemménon* ou 'proposição hipotética'. (N.T.G.)

princípio que permitisse reconhecer o que se quer dizer por fatos contraditórios. Sem ele, a exclusão das ilações arbitrárias de Fílon estaria situada apenas nas proposições idênticas. É esse o princípio que Crisipo se esforça para encontrar no que denomina ἔμφασις[155]: quando a segunda proposição não é idêntica à primeira, o συνεμμένον[156] pode ser são [o verdadeiro],"se ela aí está contida em potência".[157] A palavra περιέχειν [158] é atribuída ordinariamente à força que contém e domina as partes do ser. Não se vê como a palavra poderia ser aplicada diferentemente, senão por metáfora, a um exprimível ou acontecimento. Quando se procura o sentido dessa metáfora, se é levado a confundir mais ou menos a capacidade de conter com a identidade.[159] Os estoicos não tiveram, portanto, no συνεμμένον,[160] um princípio rigoroso que os permite sair da identidade sem inconsequência e sem arbitrariedade.

Qual é, portanto, o princípio de ligação dos fatos na proposição causal, tal como: 'se é dia, está claro'? Ele é, em aparência, muito diferente: é uma ilação de consequência (ἀκολουθία[161]). A proposição é verdadeira na condição de que a segunda (ou o segundo fato) decorra da primeira (ou do primeiro fato), e não inversamente.[162] Não haveria

---

[155] *Émphasis* ou 'o que está contido na enunciação'. (N.T.G.)
[156] *Synemménon* ou 'proposição hipotética'. (N.T.G.)
[157] περιέχεται δυνάμει. Sexto, *Pyrrh*. III III.*
 * *Periékhetai dynámei* ou 'contida em potência'. (N.T.G.)
[158] *Periékhein* ou 'conter, abarcar'. (N.T.G.)
[159] Cf. Brochard, *loc. cit.*, p. 458, no qual a ilação da condicional à principal é, com razão, comparada à de um teorema face a uma definição.
[160] *Synemménon* ou 'proposição hipotética'. (N.T.G.)
[161] *Akolouthía* ou 'consequência'. (N.T.G.)
[162] Diócles, *ibidem*. (II 70, 29).

neste caso algo de análogo a nosso princípio de causalidade que articula conjuntos de fatos heterogêneos? Não há lugar para se crer nisto: a "consequência" retoma, de maneira profunda, a ligação que vimos no συνεμμένον.[163] Com efeito, em uma passagem anterior, Diócles define o sentido da conjunção *se* da seguinte maneira: "ela indica que o segundo termo é consequência (ἀκολουθεῖν[164]) do primeiro".[165] Ora, vimos anteriormente que a negação dessa consequência levaria a uma impossibilidade lógica.

No que diz respeito à condição de verdade da proposição conjuntiva, temos apenas uma observação crítica de Sexto.[166] Os estoicos se enganaram, segundo ele, ao declarar verdadeira somente a proposição conjuntiva na qual todos os termos são verdadeiros: se um termo é falso, ele somente é falso em parte, sendo verdadeiro para os demais casos. O pensamento dos estoicos, criticado neste aspecto, somente pode ter sentido se a conjuntiva indicasse uma ilação entre cada uma das diferentes proposições. A crítica somente não se manteria no caso em que houvesse apenas uma simples enumeração. O que nos incita a crer que os estoicos a tomavam num outro sentido é, primeiramente, uma passagem de Galeno, que critica os estoicos por terem confundido a ilação conjuntiva simples com uma ligação de consequências.[167] Tal passagem é bastante clara, fazendo a diferenciação entre o συνημμένον[168] de Fílon de Larissa, na qual a ilação é

---

[163] *Synemménon* ou 'proposição hipotética'. (N.T.G.)
[164] *Akolouthía* ou 'consequência'. (N.T.G.)
[165] Diog. La. VII 71 (S.V. F. II 68, 15).
[166] Math. VIII 124, 128 (S.V. F. II, 69, 26).
[167] Gal. introd. Dial. 4 (S.V. F. II 69, 5).
[168] *Synemménon* ou 'proposição hipotética'. (N.T.G.)

arbitrária, e a de Crisipo, na qual o mesmo nome é aplicado. Uma segunda razão é um testemunho de Cícero no *De fato* que nos apresenta como sendo Crisipo, que, por motivos que não nos interessa aqui, transformava os συνημμένα[169] em proposições conjuntivas.[170] Seria possível, observa Cícero, fazer a mesma transformação em todos os casos possíveis. Neste caso, os termos conjugados, com certeza, são ligados entre si da mesma maneira que os termos correspondentes dos συνημμένον,[171] através de uma identidade lógica.

Enfim, a proposição disjuntiva se reduz facilmente a uma ilação do mesmo gênero. Ela designa que, com efeito, se uma das proposições é verdadeira, a outra é falsa.

Dessa maneira, todas as ilações se reduzem a uma única, a ligação de identidade, que é expressa claramente no συνημμένον.[172] Uma proposição somente pode repetir a outra indefinidamente. Acreditamos ter encontrado nesse aspecto a razão de certa espécie de inércia da lógica estoica; ela tem por matéria os fatos, e estes fatos, como são exprimíveis incorporais, situados no limite do real, são incapazes de engendrar algo. Porém nós nos encontramos, segundo essa hipótese, diante de duas dificuldades que devemos resolver: se toda proposição exprime um fato, qual é o sentido da definição que deveria exprimir um ser? Além do mais, se não há ligações lógicas a não ser a ligação de identidade, qual é o sentido da semiologia estoica, para a qual um fato é o signo de outro fato heterogêneo?

---

[169] *Synemména* (plural de *synemménon*). (N.T.G.)
[170] *De fato* 15 (S.V. F. II 277, I).
[171] *Synemménon* ou 'proposição hipotética'. (N.T.G.)
[172] *Synemménon* ou 'proposição hipotética'. (N.T.G.)

A definição e a semiologia

A definição seria, em Aristóteles, definição da essência de um ser.[173] O estoicismo não poderia pensar nada similar, uma vez que o pensamento lógico não diz respeito ao ser, mas unicamente a fatos. A definição, neste caso, não será de natureza totalmente diferente de uma simples descrição. Antipater a denomina "um discurso enunciado de modo completo segundo uma análise".[174] A palavra ἀπαρτιζόντως[175] quer dizer que a definição está tão ajustada ao definido que a proposição se torna passível de conversão.[176] É necessário tomá-la, sem dúvida, como sendo uma descrição incompleta.[177] Este é o motivo pelo qual Galeno, referindo-se à teoria de Antipater, opõe a definição à descrição (ὑτογραφή[178]), considerada como um discurso que apresenta uma forma geral (τυπωδῶς[179]) no conhecimento da coisa indicada.[180] Entre tais "descrições ou análises", estão as noções comuns, que não podem ser definidas, mas somente podem ser descritas.[181]

Crisipo, é verdade, define diferentemente a definição: "a explicação do próprio" (ἰδίου ἀπόδοσις[182]). Segundo Ale-

---

[173] *An. post.* II, 3, 10 (τοῦ τί ἐστι καὶ οὐσίας).*

* *Tou ti esti kai ousias* ou 'o que é essência'. (N.T.G.)

[174] *Diog. La.* VII 60 (S.V. F. II 75).

[175] *Apartizóntos* ou 'precisamente, adequadamente'. (N.T.G.)

[176] *Schol. Vatic. in Dionys. Thrac.*, p. 107, 5 (S.V. F. II 75, 21).

[177] Alexand. *in Ar. Top.*, p. 24 (S. V. F. II 75, 35). Denomina-se análise o "desenvolvimento do definido por capítulos (κεφαλαιωδῶς)".*

* *Kefalaiodôs* ou 'sumariamente', ou 'tratada de uma maneira geral'. (N.T.G.)

[178] *Hypographé* ou 'descrição'. (N.T.G.)

[179] *Typodôs* ou 'de maneira geral'. (N.T.G.)

[180] Gal. *defin. med.* I (S.V. F. II 75, 28).

[181] *Id. de diff. pulsuum* IV 2 (S.V. F. II 75, 38).

[182] *Idíou apodosis* ou 'a explicação do próprio'. (N.T.G.)

xandre de Afrodísia,[183] essa definição retomaria a de Antipater. Seria preciso entender por próprio, portanto, não a essência do ser (ἰδιῶς ποιόν[184]), mas tão somente os fatos específicos que deles resultam, e que entram, somente eles, na definição. Aliás, os estoicos, contrariamente a Aristóteles, que entende ser a definição uma proposição categórica, consideram-na um juízo hipotético, que afirma, ademais, a coexistência de fatos, e não de conceitos.[185] Eles retiraram do τί ἦν εἶναι[186] de Aristóteles a palavra εἶναι,[187] querendo sem dúvida indicar por τί ἦν[188] o fato estável e permanente.[189] Deste modo, para eles, a definição é apenas a coleção dos fatos característicos de um ser; mas a razão intrínseca da ligação, [e] a essência escapam às investidas do pensamento lógico.

A teoria dos signos depende diretamente da concepção do συνημμένον ὑγιές[190] em Fílon de Larissa. O signo não é outra coisa senão a proposição antecedente de um συνημμένον,[191] neste caso particular, as duas proposições são verdadeiras, na qual a primeira é capaz de descobrir (ἐκκαλυπτικόν[192]) a segunda,[193] por exemplo: 'se uma mulher tem leite, teve filho'. Um leitor moderno, para explicar

---

[183] Loc. Cit.
[184] Idiôs poión ou 'a essência do ser'. (N.T.G.)
[185] Sexto, Math. XI, 8 (S.V. F. II 74, 371).
[186] Ti ên einai ou 'causa formal'. (N.T.G.)
[187] Einai, infinitivo presente ativo do verbo ser. (N.T.G.)
[188] Ti ên ou 'o que era'. (N.T.G.)
[189] Alex. in. Ar. Top., p. 24 (S.V. F. II 75, 30).
[190] Synemménon hygiés ou 'proposição hipotética sadia', ou 'perfeita'. No caso da lógica, pode ser entendida como 'válida'. (N.T.G.)
[191] Synemménon ou 'proposição hipotética'. (N.T.G.)
[192] Ekkalyptikón ou 'ser capaz de descobrir'. (N.T.G.)
[193] Sexto, Math. VIII 244 (S.V. F. II 73, 20).

essa teoria, seria provavelmente levado a pensar na ideia de lei no sentido da lógica de Stuart Mill. Se um fato A é signo de um fato heterogêneo B, uma vez que a ideia de B não está, de forma alguma, contida analiticamente em A, isto só poderia acontecer através de uma ligação externa aos dois fatos, mais constante e necessária, que se denomina como sendo uma lei. Se fosse este o sentido para os estoicos, deveríamos encontrar neles uma teoria das leis e da indução que serviria ao futuro. Hamelin[194] mostrou, pelo contrário, que esse problema estava fora das preocupações dos estoicos. Aparentemente, é necessário abandonar a ideia de assimilar essa semiologia à nossa lógica indutiva. Se o primeiro fato é o signo do segundo, não é pela mediação de uma lei, mas porque ela supõe por si mesma, por assim dizer, outro fato. Mas isso não seria emprestar ao fato certa atividade e força (e à proposição, enquanto exprimível, lhe é idêntica) da qual ele não é suscetível por natureza?

Para resolver essa delicada questão, é preciso insistir a respeito da natureza do signo. Haveria, neste particular, uma controvérsia entre os epicuristas e os estoicos, o que é mencionado por Sexto.[195] Para os epicuristas, o signo de um acontecimento não verificável atualmente é um objeto sensível; ele é conhecido, portanto, pela sensação. Para os estoicos, ao contrário, o signo é um "inteligível" (νοητόν[196]). Sexto quis indicar neste caso que a ligação do signo à coisa significada é conhecida senão *a priori*, ao menos o é por uma espécie de senso comum, pelo resíduo mental das representações empíricas?[197] A razão que ele dá é diferente:

---

[194] *Loc. cit.*, 23.
[195] *Math.* VIII, 112-117 (S.V. F. II 73, 42).
[196] *Noetón* ou 'inteligível'. (N.T.G.)
[197] Brochard, *loc. cit.*

"o signo é um juízo (ἀξίωμα[198]), diz ele, e, *por esta razão, é inteligível*".[199] O signo, portanto, é inteligível somente enquanto não é um objeto de representação sensível, mas um exprimível, um juízo. Sexto emprega aqui, como em outras ocasiões,[200] a palavra νοητόν,[201] quando a linguagem estoica exigiria ἀσώματον.[202] Portanto, o signo é um exprimível incorporal. Do mesmo modo que é signo, igualmente é um exprimível. É isso o que os estoicos querem dizer ao sustentar a seguinte tese paradoxal: "O signo presente deve ser sempre signo de uma coisa presente".[203] Numa proposição deste gênero: 'Se há uma cicatriz, houve uma ferida', a ferida é, sem dúvida, uma coisa passada, e não é a ferida realmente, mas o fato de ter tido uma ferida que é significado; deste fato presente, o signo é este outro fato igualmente presente, o de ter uma cicatriz.

A relação do signo com a coisa significada, dessa maneira, está entre dois termos incorporais, dois exprimíveis, não entre duas realidades. Contudo, dir-se-á que essa relação entre os exprimíveis supõe uma relação entre as coisas (neste caso, entre a ferida e a cicatriz)? Em sua semiologia, pelo menos, os estoicos se ocupam apenas da primeira relação, e jamais da segunda. O problema, ao qual responde esta teoria, é o de substituir um fato (ou exprimível) oculto

---

[198]*Aksíoma* ou 'juízo'. (N.T.G.)
[199]*Math*.VIII 244 (S.V. F. II 72,29).
[200]Cf. ἀσώματον νοούμενον (Sext. *Math*. X 218, II, 117, 22) e ἐν ἐπινοίαις ψιλάις em Proclo *in Euclid. def*. I, p. 89, II 159, 26. – Cf. p. 24, n. 3.*

  * Respectivamente, *Asómaton noouménon* ou 'o que é pensado como incorporal', e *en epinoiais psilais* ou 'pensamentos elevados'. (N.T.G.)

[201]*Noetón* ou 'inteligível'. (N.T.G.)
[202]*Asómaton* ou 'incorporal'. (N.T.G.)
[203]Sexto, *ibidem*. (II 73, 24).

por um fato (exprimível) conhecido. Somos levados a compreender de um modo novo a natureza dessa ligação. Neste caso, como no συνημμένον[204] comum, o segundo juízo deve ser idêntico ao primeiro para que o signo seja verdadeiro. "Quando se tem a noção de consequência, diz Sexto,[205] apreende-se também imediatamente a ideia de signo por meio da consequência". A consequência da qual se trata aqui, certamente, não é a ligação da consequência física entre dois seres, mas o laço de consequência lógica entre duas proposições: pois se trata da consequência que é objeto do pensamento transitivo, como mostra a frase anterior. Ora, vimos que tal consequência tinha sentido somente quando o oposto da proposição final de um συνημμένον[206] contradizia a proposição inicial. No caso particular do signo e no nosso exemplo: 'não ter sido ferido', ou 'não ter tido filho', é contraditório com 'ter uma cicatriz', ou 'ter amamentado'.

Os estoicos, a respeito da natureza dessa contradição, mostraram-se necessariamente confusos, tal como na teoria geral do συνημμένον.[207] Para a lógica indutiva moderna, a contradição estaria entre a negação da ligação e a ligação pela lei da indução, regularmente verificada pela experiência. Como os estoicos não conheciam semelhantes ligações legais, viam contradição entre os dois fatos mesmos, o antecedente e o consequente. A contradição somente teria sentido quando se tratasse de opostos, isto é, juízos nos quais um é negação do outro, sem conter outros termos. É necessário, portanto, para que a teoria estoica tenha um

---

[204] *Synemménon* ou 'proposição hipotética'. (N.T.G.)
[205] *Math*. VIII 275 (S.V. F. II 74, 7).
[206] *Synemménon* ou 'proposição hipotética'. (N.T.G.)
[207] *Synemménon* ou 'proposição hipotética'. (N.T.G.)

sentido, que, se o antecedente e o consequente não são idênticos, ao menos se aproximem da identidade, que eles sejam apenas a mesma coisa expressa em termos diferentes. É isso o que acontece quando se considera ambos como ocorrendo no presente. Este acontecimento presente, 'ter uma cicatriz', difere apenas em termos deste outro acontecimento igualmente presente, 'ter tido uma ferida'. É inegável que a representação da ferida não está contida na representação da cicatriz, e que é necessário consequentemente a experiência para ir de uma à outra. Contudo, mais uma vez, a dialética não se ocupa de representações e da experiência, e sim unicamente de exprimíveis e de proposições. A segunda proposição, diferente por sua expressão, no fundo, é a mesma que a primeira. Se os estoicos viessem a se afastar dessa identidade, sua teoria cairia imediatamente sob a crítica que lhes fizeram os céticos: a proposição suporia que o signo foi constatado e que ele não é conhecido pela coisa significada. Os estoicos, como mostra Brochard, não tentaram ou com muito esforço buscaram responder a essa dificuldade. Entretanto, isso não teria sido uma dificuldade para os lógicos indutivos; não é aí que jaz o problema, pois é precisamente apenas nas relações empíricas que se fundamentam as ligações de lei indutiva.

Seremos breves quanto a este raciocínio: a demonstração, como disse Sexto, é tão somente uma espécie de signo.[208] Os fatos ligados nas proposições complexas, por meio desse tipo de ilação, vinculam um fato ao outro na conclusão.[209] Trata-se sempre de concluir uma ilação (ou de uma disjunção) dos fatos enunciados na proposição

---

[208] Sexto, *Math.* VIII 275 (S.V. F, 74, 10).

[209] Cf. Brochard, *loc. cit.* A exposição mais completa dos diversos modos encontra-se em Galeno, *Introd. dial.* 6 (S.V. F. II 82, 20).

maior. A grande simplicidade do aspecto dos quadros do raciocínio é devida ao fato de a lógica não ter mais vínculo com a realidade, mas com os exprimíveis. Ela foi, segundo Galeno,[210] objeto de uma crítica instrutiva: ele observa que nos livros estoicos estão misturadas todas as formas de raciocínio que se distinguem por hábito: o raciocínio retórico, ginástico, dialético, científico, sofístico. Com efeito, era antiga a ideia platônico-aristotélica de que as diferentes espécies de ser, segundo seu valor intrínseco, comportavam raciocínios mais ou menos precisos. Por exemplo, porque o raciocínio científico se reporta à substância, única e estável, ele pode ser preciso. Ora, é a rejeição dessa ideia que faz a característica do raciocínio estoico: não se trata de realidades diferentes, pois [o raciocínio] contém apenas o irreal e o incorporal.

A semiologia e o destino

Uma característica própria dessa lógica é se desenvolver sem nenhum contato com o real e, apesar das aparências, com a representação sensível. A distinção entre o conhecimento que tem por objeto a realidade mesma, a representação sensível, e outro tipo de conhecimento que se remete aos exprimíveis está no cerne da doutrina. Enquanto os gêneros e as espécies em Aristóteles vinculavam-se, numa certa medida, aos seres reais, e o pensamento lógico penetrava nas próprias coisas, por sua vez, os exprimíveis não contêm nada da natureza [dos seres reais] e, consequentemente, não transportam nada da natureza e do real ao pensamento, dos quais eles [os exprimíveis] são produto e efeito.

---

[210] *De Hippocr. e Plat. plac.* II 3 (91) (S.V. F. II 76, 29).

É sedutor, no entanto, vincular as ligações dos fatos, expressos pela proposição hipotética, ao determinismo universal, afirmado na doutrina do destino. Mas a palavra 'destino' não exprime, de maneira alguma, uma ligação entre os fatos no sentido em que eles formariam séries nas quais cada termo seria efeito do precedente e causa do consequente. É bem verdade, entretanto, que o destino assinala a cada fato seu lugar no tempo, mas não está em relação com outros acontecimentos que se relacionariam a ele como a condição ao condicionado. É suficiente recordar que o acontecimento é um efeito, um incorporal, e que, como tal, é unicamente efeito, nunca causa, logo, sempre inativo. Ele é determinado por sua relação com uma causa que é um ser real de natureza totalmente diferente da sua. O destino é essa causa real, essa razão corporal pela qual os acontecimentos são determinados,[211] mas não é uma lei segundo a qual eles determinariam uns aos outros. Assim como existe uma multiplicidade de causas, pois a razão do universo reúne as múltiplas razões seminais de todos os seres, o destino é também denominado "a ligação das causas" (εἱρμόν αἰτιῶν[212]), não a da causa e efeito, mas a das causas entre si, por sua relação com o Deus único que abarca todos eles.[213] Esta é uma relação de sucessão entre as causas que as subordina umas às outras, pois é segundo a própria ordenação do mundo que os seres derivam uns dos outros.[214] Mas se trata ainda da relação entre seres, e não da relação entre acontecimentos.

---

[211] Estobeu, *Ecl.* 179 (S.V. F. II 264, 18).
[212] *Heirmón aitiôn* ou 'a ligação das causas'. (N.T.G.)
[213] Aét. *Plac.* I 28. 4 (S.V. F. II 265, 36). Alexandre, *de anima* 185, I (II 266, 10). Cícero, *de divin.* I 55, 125 (II 266, 13).
[214] Plotino, *Ennead.*, III, I 2 (S.V. F. II 273, 41).

Pois os acontecimentos são efeitos dessas causas, e é certo que eles são, consequentemente, interligados. Por mais heterogêneos que sejam, eles dependem do destino, que é único. Mas se o conhecimento do destino, se a participação através da sabedoria na razão universal, pode conhecer tais ligações, nada na dialética intervém nesse conhecimento. Dessa maneira, se a dialética considerava a ligação universal, Crisipo poderia distinguir os fatos simples, isto é, sem condição em outros fatos, e os fatos conexos, isto é, ligados conjuntamente.[215] Todos, com efeito, deveriam estar ligados. É precisamente o contrário o que acontece: aos olhos do puro dialético, que recolhe os acontecimentos isolados, não existe ligação possível, ou melhor, não há senão a ligação de identidade. A dialética mantém-se na superfície do ser. Certamente, os estoicos se esforçaram em ultrapassar o raciocínio idêntico: *Si lucet, lucet; lucet autem; ergo lucet* ("Se brilha, brilha; brilha ainda; logo brilha").[216] Mas eles só puderam fazer isso ao preço de inconsequências ou de maneira arbitrária. Malgrado a unidade relativa da doutrina do destino, nenhuma teoria sólida do vínculo dialético pôde se impor a eles. A dialética estoica, por mais paradoxal que pareça ser, está muito próxima dos fatos, sem jamais ter sido fecunda. Ela não consegue sair do fato bruto dado, nem pela ideia geral que recusa, nem pela lei que ela ainda não conhece, e que deve se contentar em repetir indefinidamente.

---

[215] Cic. *de fato* 30 (S.V. F. II 277, 33).

[216] Entendido como tipo de ligação lógica; Cic. *Acad.* II 30, 96.

Capítulo 3
Teoria do lugar e do vazio

O problema da natureza do espaço não se apresenta, a partir de Aristóteles, como uma questão simples, mas sob a forma de duas questões absolutamente distintas, a do lugar e a do vazio. Para Aristóteles, o espaço, uma vez que é ocupado pelos corpos, tem propriedade diversa do espaço vazio. A presença do corpo no espaço determina nele propriedades que o espaço vazio não possui: o alto, o baixo e as outras dimensões. Sequer existe, na linguagem, uma palavra geral para designar, ao mesmo tempo, o vazio e o lugar. Do mesmo modo, é necessário distinguir as duas questões no sistema estoico.

A teoria do lugar

Quanto à existência do lugar, que havia sido contestada por Zenão de Eleia,[217] os estoicos seguem exatamente Aristóteles. Vide a passagem de Sexto, na qual a existência do lugar é estoica em sua forma, pois os argumentos são

---

[217] Arist. *Phys.* IV, 3, 6.

apresentados, com certa afetação, sob a forma de silogismos hipotéticos, reproduzindo integralmente os argumentos do Capítulo I do Livro IV da *Física* [de Aristóteles]. Nada se acrescenta neste caso a não ser uma extrema desordem que torna o decurso da argumentação muito obscuro.[218] Todos esses argumentos visam demonstrar que, se há corpo, existe lugar. Os estoicos fazem do lugar a condição sem a qual nenhum corpo pode existir. Mas, ao mesmo tempo, a natureza do lugar somente pode ser determinada por sua relação com o corpo.

Sobre este assunto, Aristóteles emitiu quatro hipóteses possíveis: ou o lugar é forma, ou matéria, ou intervalo entre as extremidades dos corpos, ou é a própria extremidade dos corpos (τὰ ἔσχατα[219]). Sabe-se que, entre essas quatro hipóteses, Aristóteles escolheu a última.[220] Os comentadores de Aristóteles classificaram sem exceção os estoicos entre os que aceitaram a terceira hipótese, a da identidade do lugar com o intervalo entre as extremidades dos corpos,

---

[218] Dos seis argumentos que a compõem - 1. Se existe alto e baixo, direito e esquerdo, frente e verso, existe um lugar. 2. Se onde havia uma coisa e existe agora uma outra, existe um lugar. 3. Se há um corpo, há um lugar. 4. Se cada corpo está situado em um lugar próprio, existe um lugar. 5. Se existem as causas material, formal e final de um corpo, é necessário, para que o corpo se desloque, acrescentar a causa do lugar (ἐν ὧι). Segundo o testemunho de Hesíodo, o primeiro argumento, em Aristóteles, vincula-se ao quarto argumento, pois alto e baixo, etc., dependem do fato de cada corpo ter um lugar próprio; o segundo argumento é o de ἀντιμετάστασις (substituindo um corpo pelo outro) que na *Física* seria o primeiro argumento; o terceiro, em Aristóteles, não é um argumento à parte, mas síntese dos argumentos precedentes; o quinto não tem sentido possível, pois o lugar está fora das quatro causas (*Phys.* IV,1,11).*

* Respectivamente, *en hôi* ou 'no lugar', e *antimetástasis*, ou seja, 'substituição de um corpo pelo outro'. (N.T.G.)

[219] *Tà éskhata* ou 'as próprias extremidades'. (N.T.G.)

[220] *Phys.* IV, 4, 6: cf. Bergson, *Quid Aristoteles de loco senserit*, th. lat Paris, 1889.

desde que esse intervalo esteja preenchido. Existe, por parte dos comentadores de Aristóteles, um excessivo esforço em colocar todas as doutrinas do lugar na classificação do mestre, esforço este que alterou significativamente a originalidade das doutrinas. Dessa maneira, Temístios cita "a escola de Crisipo e Epicuro"[221] como participante dessa doutrina. A Epicuro e aos estoicos, Simplício acrescenta "alguns platônicos".

Temos apenas dois textos curtos e insignificantes, de Estobeu[222] e de Sexto,[223] que afirmam categoricamente, sobre a doutrina de Crisipo, o seguinte: Estobeu afirma que o lugar, para Crisipo, é "o que é ocupado inteiramente por um ser, ou também é o que é capaz de ser ocupado por um ser e o que é ocupado integralmente seja por qualquer ser, seja por vários seres". A definição de Sexto insiste sobre o δι' ὅλου,[224] afirmando que "o lugar é igual (ἐξισαζομένον[225]) ao ser que o ocupa (κατέχοντι[226])". Esses textos servem unicamente para nos mostrar que o lugar de um corpo não tem sentido para os estoicos a não ser como o intervalo preenchido que pode ser constituído tanto por um corpo quanto por outro. É o que os estoicos querem dizer ao sustentar que o lugar é concebido, assim como os exprimíveis, pela transição (μεταβάσει[227]). O lugar é o ponto de transição comum de vários corpos que nele se

---

[221] *Paraphr. Ad. Arist. Phys.* 4, p. 268 (S.V. F. II 163, 35).

[222] *Ecl.* I. P. 161, 8 (S.V. F. II 162, 39) reconduzido por Diels à *Epítome* de Arios Dídimo.

[223] *Math.* X 3 (reproduzido no *Pyrrh.* III 124) (S.V. F. II 16, 205).

[224] *Di hólou* ou 'por meio do todo'. (N.T.G.)

[225] *Eksisazoménon* ou 'é igual'. (N.T.G.)

[226] *Katékhonti* ou 'o ser que o ocupa'. (N.T.G.)

[227] *Metabásei* ou 'em transição'. (N.T.G.)

substituem, assim como um συνημμένον[228] é a transição de uma proposição a outra. Como no primeiro dos seis argumentos acima citados (a substituição dos objetos uns pelos outros), no qual Aristóteles provava que existe um lugar. Aristóteles, para explicar essa teoria, comparava o lugar a um vaso que poderia ser preenchido sucessivamente por corpos diferentes, permanecendo no mesmo lugar, porque o intervalo das extremidades do corpo que o preenche é o mesmo.[229] Essa comparação consta nas fontes que foram citadas anteriormente.[230] O problema do lugar está assim ligado ao problema do movimento, tal como em Aristóteles.

Se não podemos conhecer essa teoria nos seus detalhes, ao menos o que conhecemos é suficiente para levantar o seguinte problema: os estoicos conheciam perfeitamente as especulações de Aristóteles sobre o lugar, posto que eles as acompanhavam passo a passo. É verossímil que eles não tenham se dado conta das objeções que o autor da *Física* levantou contra a teoria do lugar-intervalo? Além do mais, teriam eles abandonado a teoria peripatética que considera o lugar como o limite do corpo contentor, se eles não tivessem encontrado nada para colocar no lugar?

Dessas duas questões, a segunda, de acordo com nossos textos, é a mais fácil de resolver. A teoria deles sobre a divisão infinita, conforme a expõem, é incompatível com a noção de lugar em Aristóteles. Tal noção de lugar tinha por condição essencial a distinção entre o contato e a contiguidade. O corpo contentor está em contato com o corpo conteúdo, cuja independência é demonstrada pelo movimento que este pode fazer para se separar daquele. Ora,

---

[228] *Synemménon* ou 'proposição hipotética'. (N.T.G.)
[229] *Phys.* IV, 2, 4.
[230] Sexto II 162, 8 e Estobeu II, 163, 2.

segundo os estoicos, tal contato é radicalmente impossível. Primeiramente, em razão da divisibilidade indefinida, não se pode falar de extremidades últimas dos corpos, pois existem partes ao infinito, sempre haverá uma além daquela [extremidade] que se determina como sendo a última.[231] Se não vemos que essa argumentação foi especialmente dirigida contra Aristóteles, é seguro, ao menos, que ela não depende daquela que foi dirigida contra o atomismo epicurista. Plutarco, com efeito, depois de ter indicado o argumento que eles empregaram contra os átomos (a saber: que se eles se tocassem se confundiriam, pois são indivisíveis), acrescenta que cairiam também na mesma dificuldade a propósito do contato entre os corpos; pois, afirmam eles, os corpos não se tocam em sua extremidade, nem inteiramente nem em partes: a extremidade não é um corpo.[232]

Se não existe no contato de dois corpos um ponto preciso onde cessa um corpo e onde outro começa, segue-se disso que eles devem se interpenetrar reciprocamente,[233] a não ser que sejam separados pelo vazio. Esta última alternativa, por motivos que veremos mais à frente, não é admitida pelos estoicos. Eles não recuam diante dessa consequência, que é uma doutrina essencial, paradoxal e muito profunda em seu sistema. Nós só vamos considerá-la aqui na medida em que ela pode interferir na teoria do lugar. Segundo essa teoria, a noção de corpo se sutiliza e se transforma na noção de ações ou de forças que, tal como os átomos

---

[231] Plut. *comm. not.* 38 (S.V. F. II 159, 7).

[232] *Ibidem* 40 (II 159, 18).

[233] Plut *comm. not.* 37 (S.V. F. II 151, 28). – Os dois corpos em contato são denominados περιέχον e περιεχόμενον, como na teoria do lugar em Aristóteles, sem que esta seja necessária, e se não existe uma intenção crítica.*

* Respectivamente, *periékhon* ou 'o que contém, ou contentor', e *periekhómenon* ou 'o que está contido, ou conteúdo'. (N.T.G.)

de Faraday, ocupam o espaço inteiramente. Do ponto de vista da teoria do lugar, isso tem importantes consequências, pois dois corpos podem ocupar o mesmo lugar. Essa consequência é considerada absurda, por isso, Plutarco a combatia: "é contra o bom senso, dizia ele, que um corpo seja o lugar de outro corpo".[234] Temístios, por sua vez, expõe tal absurdo da seguinte maneira: "dois corpos ocuparão o mesmo lugar. Com efeito, se o lugar é um corpo e se o que o preenche é um corpo, e se todos os dois são iguais em seus intervalos, o corpo estaria em outro corpo igual a ele".[235] A mesma consequência é deduzida, quase que nos mesmos termos, por Alexandre de Afrodísia.[236]

Essas consequências nos conduzem à solução da primeira questão que colocamos. Com efeito, se dois corpos podem estar no mesmo lugar, todas as aporias de Aristóteles sobre a teoria do lugar-intervalo desaparecem. A dificuldade principal consistiu nisto: se o lugar é o intervalo do espaço ocupado por um corpo preenchido, como é, por exemplo, a capacidade de um vaso conter diferentes líquidos, pode-se perguntar qual é o lugar desse intervalo e daí até o infinito. Cai-se, portanto, na objeção de Zenão de Eleia contra a existência do lugar.[237] Mas essa aporia supõe corpos impenetráveis; tal aporia supõe que o conteúdo está separado, por divisão, do contentor. Na tese da interpenetrabilidade dos corpos, não se pode falar nem do contentor nem do conteúdo; eles se confundem um com o outro em todas as suas partes e o lugar de um é também o lugar do outro.

---

[234] *Ibidem* I. 16. A palavra σῶμα para designar o lugar é, aliás, inexata.*

* *Sôma* ou 'corpo'. (N.T.G.)

[235] *Paraphr. in Arist. Phys* IV I (S.V. F. II 152, 7).

[236] *Quaest*, II 12 (S.V. F. II 156, 24) ; *de anima* (*ibidem*, 37, 41).

[237] *Phys.* IV, 4, 8 e 1, 12.

O "todo está no todo" de Leibniz está representado, neste caso, pela "mistura total". Não se trata, como se sabe, de uma mistura semelhante à presença de um corpo nos interstícios vazios de outro corpo; neste caso existiria sempre contentor e conteúdo, e não a fusão íntima e em todos os pontos de dois corpos.

Se os estoicos retomaram, com simpatia, a teoria rejeitada por Aristóteles, é devido à oposição profunda e íntima de suas doutrinas a respeito da natureza dos corpos e da ação corporal. A ação mecânica pelo contato é, em Aristóteles, a representação predominante: é tocando-a que Deus age sobre a esfera exterior do céu, e é por uma série de contatos que o movimento circular do céu engendra progressivamente os diversos movimentos do mundo até os lugares sublunares. É também por uma espécie de contato que a alma age sobre o corpo; ademais, esses movimentos vão, de qualquer forma, do contentor ao conteúdo, da circunferência ao centro. Não é surpreendente, portanto, que o lugar dos corpos seja o contentor que, de uma maneira ativa, pelo contato de sua superfície, armazena de alguma maneira os corpos nos lugares que eles devem ocupar. Desse modo, na classificação de Aristóteles, o gênero contém as espécies e seus limites são determinados a partir do exterior. Para os estoicos, pelo contrário, a extensão é considerada resultado da qualidade própria que constitui um indivíduo corporal. Toda ação é concebida como um movimento de tensão. O gérmen do corpo, sua razão seminal, se expande, por sua tensão interna, do centro onde reside até o limite determinado no espaço, não por uma circunstância externa, mas por sua própria natureza; por sua vez, através de um movimento inverso ela retorna das extremidades ao centro. Através desse seu duplo movimento, ela mantém as partes do corpo unidas (συνέχει[238]), formando a unidade. O lugar do corpo é o resultado dessa atividade interna. O atributo é determinado pela própria natureza do corpo, e não por sua relação com outro corpo.

Todavia, a teoria ficaria sujeita às objeções de Aristóteles caso se pudesse conceber diversos corpos exteriores uns aos outros, e substituindo uns em relação aos outros. Pois tal substituição implica que o corpo contém de alguma forma seu lugar consigo mesmo e, consequentemente, que o lugar mude de lugar; desse modo, seria necessário definir tanto o primeiro como o segundo lugar, e assim ao infinito. De fato, os estoicos pareceram admitir, às vezes, essas posições relativas. Crisipo, entre as diferentes combinações de corpos, cita, perante a mistura, a justaposição (παράθεσις[239]), como a dos grãos de trigo fechados num saco; ele a define como "o contato dos corpos segundo suas superfícies".[240] Podemos admitir essa passagem somente como uma concessão às aparências sensíveis. O contato está em tão absoluta contradição com os princípios essenciais da física que não podemos crer, de forma alguma, que ele teria admitido isso. Se retornarmos a tais princípios, veremos que eles são incompatíveis, num certo sentido, com a real divisão dos corpos. O que constitui a unidade de cada corpo é o "sopro" da razão seminal que reúne as suas partes. Qual é a relação dessa razão com a razão seminal do mundo? Há muita dificuldade em representar tais germens, a não ser como fragmentos distintos e disseminados em diferentes lugares do gérmen primitivo e total. A prova disso está no fato de que os

---

[238] *Sunékhei* ou 'mantém unido'. (N.T.G.)

[239] *Paráthesis* ou 'justaposição'. (N.T.G.)

[240] Stob. *Ecl.* I, p. 154 (S.V. F. II 153, 3).

estoicos lutaram contra essa representação: desde que se admita essa tese, se é conduzido à pluralidade absoluta dos corpos; logo, existem entre eles laços de exterioridade. Mas, na realidade, não é por divisão e separação, é por um "movimento de tensão" que a Razão suprema produz as outras razões.[241] Existe, neste caso, um ato análogo àquele que faz a alma humana no corpo, quando, segundo os estoicos, ela estende, como um pólipo, seus tentáculos até os órgãos do sentido para sentir. Então, é impossível falar de diversos lugares. O universo é um corpo único que, por sua tensão interna, determina o seu lugar e se diversifica por múltiplos graus de tensão, todavia não pelas diversas posições ocupadas por suas partes.

Uma crítica diversas vezes repetida pelos alexandrinos contra a teoria estoica das categorias é a de não se ter dado um lugar especial, como Aristóteles, ao tempo e ao lugar.[242] Parece, segundo esses críticos, que os estoicos reuniram incondicionalmente na sua terceira categoria (o πῶς ἔχον[243]) a quantidade, o tempo e o lugar. Essa crítica acaba por precisar a fisionomia de sua teoria. As categorias de Aristóteles se dividem claramente em dois grupos: o primeiro constituído apenas pela primeira, a substância; e o segundo, pelas outras nove que são os diversos acidentes da substância. É o princípio desse agrupamento que é modificado pelos estoicos. O termo geral que designa o que se pode classificar sob as categorias não é mais, como em Aristóteles, ὄν[244] (a palavra é reservada ao real, ao corpo),

---

[241] Philon, *de sacr. A. e C.* 68 (S.V. F. II 149, II).
[242] Simplicius, *in Arist. cat. fr.* 16 Δ (S.V. F. II 124, 32. Dexippus, *in Ar. cat.*, p. 24 (II 131, 30).
[243] *Pôs ékhon* ou 'hábito'. (N.T.G.)
[244] *Ón* ou 'ente'. (N.T.G.)

mas τί.²⁴⁵ O τί designa ao mesmo tempo os corpos e os incorporais.²⁴⁶ Tais são os dois grupos de categorias. O primeiro compreende os sujeitos e as qualidades (ύποκείμενα, ποιά²⁴⁷), que são corpos; o segundo, os modos e os modos relativos (πῶς ἔχοντα, πρός τί πως ἔχοντα²⁴⁸), que são os incorporais.²⁴⁹ Essa distinção não corresponde mais à de substância e acidente, pois entre os acidentes, uns, como as qualidades, foram colocados nas realidades substanciais (o ter tornou-se igualmente uma qualidade), enquanto outros foram classificados entre os incorporais. O que interessa aos estoicos nessa diferenciação é distinguir o que age e o que padece, por um lado, e o que não age nem padece, por outro lado: o que é um problema da física. Aristóteles, ao contrário, levanta o problema da classificação dos atributos, problema muito mais lógico que físico. Se considerarmos ainda o segundo grupo de categorias estoicas, dos incorporais, é evidente que nele deve entrar o lugar; contudo, ele entra aí da mesma forma que uma quantidade inumerável de outros seres incorporais, e não ha razão para dar ao lugar o privilegio de ser uma categoria especial. Da mesma forma que os seres reais, os corpos, produzem, por sua atividade, todos os efeitos ou fatos incorporais, que são a matéria da lógica, são eles igualmente que produzem o lugar. É, portanto, legítimo reunir as duas coisas sob uma mesma categoria.

Essa aproximação do lugar e do exprimível, que se faz pela noção de incorporal, é o traço mais marcante da teoria

---

[245] *Tí* ou 'o quê?'. (N.T.G.)

[246] Alex. Aphr., *in Ar. Top. IV,* 155 (S.V. F. II 117, 7); *ibid.* 180 (II, 117, II).

[247] Respectivamente, *hypokeímena* ou 'sujeitos', e *poiá* ou 'qualidades'. (N.T.G.)

[248] Respectivamente, *pôs ékhonta* ou 'hábito', e *prós to pos ékhonta* ou 'com relação ao hábito'. (N.T.G.)

[249] Simplic., *in Ar. Cat. f.* 16 Δ (S.V. F. II 124, 28).

estoica do lugar. Para ela o lugar não está nos princípios do corpo. Assim como os corpos são extensos,[250] o que há de essencial neles, a força, é superior a essa extensão, pois ela é o princípio neles [nos corpos]. A incorporeidade do lugar desempenha, neste caso, um papel análogo à idealidade do espaço no kantismo. O lugar não afeta a natureza dos seres, tampouco, como em Kant, o espaço não afeta a coisa em si. O lugar não é uma representação sensível, e sim uma representação racional que acompanha a representação dos corpos, mas que dela não faz parte. O lugar não é objeto do pensamento senão pela passagem de diversos corpos numa mesma posição.[251]

O vazio

A questão do vazio foi resolvida pelos estoicos de modo igualmente original e inovador. Eles admitem o pleno nos limites do mundo[252] e, fora desses limites, o vazio infinito.[253] Investiguemos os princípios donde advém tal solução.

O tema maior da filosofia de Aristóteles e de Platão era a relação do finito e do infinito; o ser finito é o ser estável, idêntico a si mesmo, como um ser matemático; o infinito é o ser indeterminado, que pode, entretanto, receber todas as determinações estáveis constituídas pelos seres finitos. Em se tratando de Platão e Aristóteles, o mundo sensível é sempre explicado por uma combinação desses

---

[250] Ar. Did. *Epit.* fr. 19 Diels (S.V. F. II 123,4).

[251] κατὰ μετάβασιν νοεῖται. Diocl. Magnes, ap. *Diog. La.* VII 52 (S.V. F. II 29,18).*

* *Katá metábasin noeîtai* ou "pensado segundo o movimento". (N.T.G.)

[252] Galeno *de incorp. qual.* I (S.V. F. II 162, 37)

[253] Plut. *de stoïc. rep* 44 (S.V. F. II 171, 33)

dois princípios. Toda existência propriamente dita é recusada ao ser infinito. É o que dá fundamento aos argumentos de Aristóteles contra o vazio, pois ao próprio vazio não se pode impor nenhuma determinação positiva: nem alto, nem baixo, nem a rapidez de um móvel que o percorreria. O infinito não está, portanto, fora da realidade, mas se instala em meio à realidade sensível, como princípio de mudança, de corrupção e de morte.

A solução da questão do vazio, nos estoicos, parece ser um ponto de vista original, o que se esperaria de pensadores que modificaram profundamente a noção do real e a questão das relações do finito e do infinito. A doutrina do pleno não tem nos estoicos o mesmo sentido que em Aristóteles; este estabelece o pleno pela impossibilidade do vazio. Contra o argumento feito por seus adversários de que o movimento é impossível sem o vazio, o estagirita responde, por uma espécie de argumento *ad hominem*, que é justamente no vazio que o movimento é impossível, vinculando o pleno à existência do movimento. Não encontramos, em nossas fontes, uma resposta semelhante dada pelos estoicos. De fato, ela era completamente inútil face à doutrina da penetrabilidade, pois o movimento de um corpo poderia se estender e se prolongar até o interior de outro corpo.

A argumentação dos estoicos é mais direta, e Diógenes Laércio a resume desta maneira:[254] "não há nenhum vazio no mundo, pois ele está unido (ἡνῶσθαι[255]); é a conspiração e o concurso (σύμπνοιαν καὶ συντονίαν[256]) das coisas celestes com as coisas terrestres que exigem esta conclusão".

---

[254] VII 140 (S.V. F. II 172, 17).
[255] *Henósthai* ou 'está unido'. (N.T.G.)
[256] *Sympnoian kai suntonían* ou 'a conspiração e o concurso'. (N.T.G.)

A premissa do raciocínio, portanto, é a natureza da ação que deve difundir-se através de todos os corpos, e que seria detida pelos intervalos vazios. Segundo Cleomedes, que detalha um pouco mais essa argumentação, as sensações da visão e da audição seriam impossíveis se não houvesse entre o corpo sensível e o órgão um contínuo dotado de tensão sem nenhum intervalo.[257]

O mundo uno e pleno está completo em si mesmo. Ele contém todas as realidades, não no sentido de Platão, para quem nenhuma parte material seria deixada de fora a não ser que servisse à sua construção, mas no sentido de que ele contém todas as determinações e as razões de ser dessas determinações. Os estoicos retiram do mundo o que, para Platão e Aristóteles, era um elemento essencial, ou seja, o infinito ou indeterminado. De qual potência exterior ao mundo, com efeito, o ser, indeterminado por natureza, receberia sua determinação? O mundo é único e contém todos os seres. O principal elemento de indeterminação que se encontrava no mundo era o movimento e a mudança, concebida como a determinação progressiva de um ser ainda mal definido. Os estoicos se esforçam por retirar da mudança tudo o que tem de indeterminado e de inacabado. O movimento, dizem eles contra Aristóteles, não é a passagem da potência ao ato, mas sim um ato que sempre se repete.[258] É possível encontrar nessa espécie de movimento de vaivém, que constitui a atividade da razão seminal, o movimento estável e completo nele mesmo. O mundo, por sua vez, está em estado de mudança perpétua, que vai da conflagração à restauração do mundo, e posteriormente a uma nova conflagração. Todavia, para muitos deles, cada

---

[257] *Circul. doctr.* I, I (II 172, 35)

[258] Crisipo segundo Eusébio, *prep. ev.* 18, 3 (S.V. F. II 184, 14).

um desses períodos renova o outro integralmente. Pode-se imaginar, facilmente, como eles puderam chegar à ideia do "eterno retorno" e a quais preocupações tal ideia respondia na sua teoria. Toda modificação suporia uma potência ainda não em ato, logo uma indeterminação. Contudo a identidade que permanece na mudança nos revela um mundo sempre completo e desenvolvendo sempre todas as suas potências. Essa identidade é análoga à do ser vivo, cuja forma permanece a mesma, apesar das mudanças contínuas.

Por outro lado, é a unidade do mundo, em ato e sempre em ato, da qual se deduzem todas as determinações que o mundo possui. Seus limites no espaço se devem à extensão da sua potência interna; não que ela reencontre um empecilho numa força exterior, mas porque ela une ao redor de seu centro todas as partes que a compõem. Esse limite não é, sem dúvida alguma, senão uma noção racional; todavia ela é apenas uma propriedade, um atributo do mundo vinculado a ele, tal como um efeito à sua causa. Os argumentos que estabelecem o limite baseiam-se na ordem que nele habita e no fato de que ele é governado como uma cidade. Ora, essa ordem somente pode existir num ser finito.[259] Tal atividade ordenadora não é a de um demiurgo que introduz a ordem no indeterminado e no ilimitado. Não há nada no mundo que não seja determinado, finito e acabado.

O finito, portanto, reside no próprio corpo e não decorre de nenhum ser exterior ao mundo. Em situação inversa, fora do mundo só haveria o ilimitado e o infinito; o infinito não exerce nenhuma ação sobre os corpos, nem lhes oferece nenhuma resistência, e não sofre, aliás, nenhuma ação por sua parte. Todas as especulações a respeito do

---

[259] Cleom. *Circ. Doctr.* I, I (S.V. F. II 170, 27).

vazio tendem a atenuar seu ser até o nada e, neste caso, a suprimir definitivamente o papel do ilimitado no mundo.

Para começar, o vazio é sem limites. Temos sobre este assunto uma curta e obscura demonstração de Estobeu, que concerne simultaneamente ao tempo e ao vazio: "mesmo que o corporal seja limitado, o incorporal é sem limites. Com efeito, mesmo que o nada não tenha um limite, não há limite no nada similar ao vazio. Com efeito, segundo sua natureza, ele [o nada] é infinito; mas é limitado enquanto está preenchido; se suprimimos o que o preenche, não se pode conceber nenhum limite". Essa demonstração comporta três momentos que podem ser isolados da seguinte maneira: primeiro, o corpo não é limitado pelo vazio; segundo, inversamente, o vazio só pode ser limitado pelo corpo, enquanto está preenchido por ele; terceiro, se suprimíssemos o corpo, neste caso, não haveria mais limites. O primeiro momento supõe que o limite de um corpo, em particular o do mundo, está dado pela razão interna que o estende no espaço, sem encontrar a menor resistência, e não pelo espaço.[260] Porém, se o limite vem da ação dos seres, é evidente que o vazio, que não é ocupado por nenhum ser, não teria nenhuma razão de ser limitado num ponto e não em outro.

Para conceber o vazio, os estoicos apenas retiraram todas as determinações do corpo: o vazio é definido por privação, "a ausência de corpo", ou "o intervalo privado de corpo".[261] É também denominado por Cleomedes como o "mais simples dos pensamentos". Não tem forma e não pode ser informe; não pode ser tocado.[262] "Não há

---

[260] Estobeu *Ed.* I, p. 61 (S.V. F. II 163, 7).
[261] Aét. *Plac.* I, 20, I (S.V. F. II 163, 15); Sexto *Math.* X 3 (11, 19).
[262] *Circ. Doctr.* I, I (S.V. F. II 172, 7).

nele, diz Crisipo,[263] nenhuma diferença", ou seja, como explica Cleomedes, não há nele nem alto, nem baixo, nem as demais dimensões.[264] Sendo indeterminado, não age sobre os corpos que estão nele, e não os atrai nem para um lado nem para outro; a posição dos corpos está determinada, portanto, não por alguma propriedade do vazio no qual eles estão, mas por sua própria natureza. O mundo, não tendo nenhuma razão para se colocar em um lado ou em outro, permanecerá imóvel, portanto, no centro do vazio. Sabe-se de que maneira essa ideia, por sinal tomada de empréstimo de Aristóteles, serviu aos estoicos para combater a doutrina epicurista da queda dos átomos no vazio.[265]

Se o vazio é inativo e impassível, por que então os estoicos conservaram fora do mundo esse abismo deserto e inútil? O que fizeram eles das críticas de Aristóteles contra o vazio exterior? Os peripatéticos, aliás, não deixaram de fazer objeções. Dessa maneira, diziam eles em primeiro lugar, se havia o vazio fora do mundo, a substância do mundo não seria dispersa e dissipada no infinito.[266] Por outro lado, dizia Simplício, se se denomina vazio, segundo Crisipo, o que é capaz de conter um corpo, mas que não o contém, coloca-se o vazio nos relativos; mas, se de dois termos relativos um existe, o segundo deve também existir; no nosso caso, se há o que pode ser preenchido por um corpo, é necessário que haja também o corpo que o possa encher. Ora, o vazio é infinito e não existe corpo infinito.[267] A primeira objeção,

---

[263] Ap. Plut. *de Stoïc. rep.* cap. 44 (S.V. F. II 173, 20).
[264] *Circ. Doctr.* I, I (II 176, 9).
[265] Plut. *de rep. stoïc* 44 (S.V. F. II 171, 33).
[266] Objeção informada por Cleom. *Circ. doctr.* I, I (S.V. F. II 171, 39).
[267] Simplício, *in Aristot. De cielo* (S.V. F. II 171, 6).

conhecemos a resposta: as partes do mundo estão ligadas não como em Aristóteles, por um contentor que as força a permanecer unidas, mas por um liame interno, uma ἕξις,[268] estendida de um lado ao outro do mundo, e o vazio não tem nenhuma forca para impedir essa união. Não vemos os estoicos tentarem responder ao argumento exposto por Simplício. Mas as razões pelas quais eles admitem o vazio lhes permitiram resolver tal dificuldade.

Conhecemos somente duas dessas razões. A primeira delas é comum aos epicuristas. Se supusermos alguma coisa situada na extremidade do mundo e se tentarmos estender o braço para além dessa extremidade, ou bem o movimento não será impedido, e então é necessário admitir o vazio, ou bem será impedido, e então há alguma coisa, um corpo que o impede; mas, se supusermos que ele está situado na extremidade do corpo, a mesma questão se põe novamente.[269] A segunda razão é própria dos estoicos: o mundo não guarda o mesmo volume em todos os momentos de sua história: ele se contrai na διακόσμησις[270] e se dilata na conflagração universal. Essa dilatação exige ao seu redor um vazio no qual ele pode se estender.[271] Esses dois argumentos partem evidentemente de um princípio comum. Como a ação de um corpo poderia encontrar uma resistência por parte do nada, pois, segundo o consenso de todos, o nada não tem nenhuma propriedade? Por outro lado, vê-se facilmente de que maneira o nada, por não se opor ao movimento, deveria ser representado sobre a forma de um espaço vazio. Por

---

[268] *Héxis* ou 'hábito'. (N.T.G.)

[269] *Alex. Aphr. Girast.* III 12 (S.V. F. II 171, 14).

[270] *Diakósmesis* ou 'arranjo ordenado'. (N.T.G.)

[271] Cleom. *Circul. Doctr.* I, I (II 171, 25). Aétios *plac.* II 9, 2 (II 186, 27).

ser em ato, no sentido aristotélico, o mundo não teria necessidade do vazio, pois o ato estava na imobilidade; todo ser tem seu lugar próprio, e o movimento mais perfeito, o movimento circular do céu, não exige nenhuma mudança local de conjunto. Uma vez que o ato ou a perfeição, para os estoicos, está no movimento, na expansão do ser, o ser para agir deve ter à sua disposição um teatro sem limites, no qual ele determina por si só os limites.[272]

Todas as dificuldades, apontadas na antiguidade aos estoicos, provêm de que o vazio e o mundo foram representados com o mesmo nome, pois, com efeito, o vazio é independente do corpo. "Os que afirmam a existência do vazio, diz em particular Alexandre de Afrodísia,[273] admitem que existam na realidade três dimensões separadas da matéria; dizem que elas são capazes de receber corpos, isto é, que há um intervalo capaz de receber um intervalo." O vazio é considerado, portanto, uma espécie de corpo que se atenua até perder todas as suas propriedades; no entanto, ele existe, uma vez que está separado dos corpos. Tal separação constitui, com efeito, uma grande obscuridade, que a pobreza das fontes não permite dissipar inteiramente. O vazio está, dentre todos os incorporais que estudamos até agora, numa situação totalmente especial. Os incorporais se reduzem (como vimos a respeito dos exprimíveis e do lugar) aos atributos dos corpos, são efeitos, acontecimentos, que são o aspecto incorporal e exterior da atividade interna dos seres. No fundo, o vazio nada mais é que um atributo

---

[272] Alguns estoicos recusaram o vazio infinito, limitando-o as dimensões necessárias e a expansão total do mundo na conflagração (Posidônio). Tal limite é, portanto, sempre determinado pelo próprio corpo (Schmekel, *die mittl. Stoa*).

[273] *Quaest.*, p. 106, 10 (S.V. F. II 171, 20).

dos corpos, não um atributo real, mas um atributo possível, não é o que é ocupado pelo corpo, mas o que é capaz de ser ocupado por ele. Mas é necessário que o atributo, o κατηγορήμα,[274] tenha ainda assim uma existência fora do real. Existe, neste caso, uma contradição bastante incompreensível; mas ela tem, ademais, outras consequências fatais para o sistema [estoico]. Se dissermos que tal realidade é necessária para que a expansão do fogo divino seja possível, introduzimos no mundo a potência e a indeterminação. O vazio é a condição pela qual o mundo passaria ao ato suas potências; ele é como a matéria desse ato. É o que diz a objeção já exposta de Simplício, quando mostra que o vazio infinito supõe um corpo capaz de preenchê-lo.

Se o vazio existe, o mundo mesmo se torna um termo relativo ao vazio. Talvez seja este o sentido da famosa antinomia de Carneades sobre a natureza de Deus, que é, neste caso, o Deus-mundo. Se Deus é ilimitado, dizia ele, não é um ser vivo e, se ele é limitado, então é *parte de um todo*.[275] Se Deus é o mundo, o tudo só pode ser o conjunto formado pelo mundo e pelo vazio infinito. Uma vez que o vazio só existe fora do mundo limitado, tal relação deve ser objeto de representação, e, consequentemente, o mundo não é mais absoluto, mas relativo. Não se trata, no entanto, de suprimir o segundo termo, o vazio, pois a ação do mundo, tal como é representada na conflagração, seria limitada. Kant situou, da mesma maneira, a dificuldade da limitação do mundo no espaço: "Se o mundo, diz ele, é finito, encontra-se em um espaço vazio que não é limitado. Não existiria,

---

[274] *Kategórema* ou 'atributo'. (N.T.G.)
[275] Testemunho de Sexto sobre Carneades, *Math.*, IX, 140 sg.

consequentemente, uma relação das coisas no espaço, mas uma relação das coisas face ao espaço".[276]

Temos indícios de que os estoicos perceberam essas dificuldades e buscaram respondê-las. Como não puderam suprimir nem um nem outro termo, eles se esforçaram por suprimir a própria relação. É nesse problema que intervém, com pleno sentido, o axioma que apresentamos no início deste estudo sobre os incorporais: "Não existe nenhum sintoma comum aos corpos e aos incorporais".[277] Eles suprimem até mesmo as palavras que indicariam uma relação de conteúdo e contentor; o mundo não está no vazio, o vazio não pode conter nenhum corpo, mas está no exterior do mundo. Eles se recusam a fazer do mundo uma parte de um todo maior que compreenderia também o vazio. O mundo é em si mesmo completo e nada pode ser acrescentado a ele. É isso que os leva a fazer a distinção, bastante enigmática, entre o universo (τὸ ὅλον[278]) e o tudo (τὸ πᾶν[279]), que Plutarco somente indica para ressaltar o absurdo dessa tese. O universo é o mundo, e o tudo é o vazio de fora com o mundo.[280] Segundo Plutarco,[281] eles afirmariam que o tudo não é nem um corpo nem incorporal, nem imóvel nem em movimento, nem animado nem inanimado, nem parte nem todo (ὅλον[282]). Qual é, portanto, a razão desse par de negações, quando se esperava antes um par de afirmações como: o tudo é em parte corpo, em parte

---

[276] *Krit. Der rein. Vernunft,* p. 355 Kehrbach.

[277] Simpl. *in Arist. Cat.,* p. 57 c (S.V. F. II 126, 24).

[278] *To hólon* ou 'o único', ou 'o todo'. (N.T.G.)

[279] *Tò pân* ou 'o tudo'. (N.T.G.)

[280] Sext., *Math.* IX 332 (S.V. F. II, 167, 12).

[281] *Comm. Not.* 30 (S.V. F. II, 167, 19).

[282] *To hólon* ou 'o único', ou 'o todo'. (N.T.G.)

incorporal (enquanto vazio), etc.? Os estoicos pretendiam, desse modo, demonstrar que o tudo era alguma coisa, mas que seria um não ser.[283] Ou seja, o vazio não pode se associar ao mundo para produzir um novo ser.

Porém a recusa em estabelecer uma relação entre os dois termos supõe que eles não são da mesma espécie; por exemplo, o vazio pode se relacionar com o corpo, como um atributo ao sujeito. O vazio é então reduzido ao estado de noção racional. Alguns estoicos, os que notadamente reduziram o vazio à "noção mais simples", pareciam ter entrevisto que essa tese não deixa de ter analogia com a tese kantiana da idealidade do espaço. Mas é impossível, uma vez que o atributo incorporal acontece, não reconhecer nele certa relação com os corpos. Essa relação não tem sentido, dizem os estoicos; é precisamente isso o que diz Kant na sequência do texto que citamos: o vazio não comporta nenhum objeto de intuição, e "a relação do mundo com o espaço vazio não seria uma relação com um objeto. Porém, uma relação deste gênero não é nada". O que resulta disso é que a limitação do mundo no vazio, que depende dessa relação, não é nada demais, que o mundo não é portanto limitado no espaço. Com efeito, esta é a conclusão de Kant. Mas os estoicos admitem o princípio (a impossibilidade da relação) para responder à objeção da relatividade do mundo e rejeitam a conclusão (a não limitação do mundo); eles são portanto forçados a representar, bem ou mal, que o mundo está no meio do vazio existente e a reintegrar a relação que tinham suprimido. Tal é a essência da contradição que, no estoicismo médio, levou ao abandono (com Panetios) ou,

---

[283] *Ibidem* I, 19 – 'τι' aplica-se, ao mesmo tempo, aos corpos e aos incorporais.*

* *Tî* ou 'o quê?'. (N.T.G.)

ao menos, à restrição (com Posidônio) das teorias do vazio e da conflagração, que, como vimos, estão ligados.

Para Platão e Aristóteles, o mundo continha ao mesmo tempo o limitado e o ilimitado, a matemática estável e o indeterminado. São essas relações que explicam as coisas. Os estoicos, mudando a significação desses elementos e suas relações, procuraram isolá-los um do outro, diferentemente de Platão e Aristóteles, considerando-os elementos distintos do tudo, concedendo-lhes uma natureza que impede a ação de um sobre o outro. O finito é o corporal, limitado, determinado, todo em ato no seu movimento e contendo nele seus princípios de ação. O infinito é o incorporal, o vazio, que não acrescenta nada ao ser, e não recebe nada dele, é um nada ilimitado que permanece numa indiferença perfeita. Vimos, no entanto, a maneira como eles não poderiam suprimir tal relação. Tal teoria teve um destino singular que acabaria por revelar sua inconsistência. Nós queremos falar do que ela se tornou na religião popular de certos gnósticos. Os estoicos concedem toda realidade ao mundo, nenhuma ao vazio; mas, considerando esse abismo infinito no qual o mundo aparece como um ponto vivo, a imaginação dá ao vazio mais realidade que ao mundo: o vazio torna-se o *Bythos*[284] profundo e indiferente no qual se produz nele miraculosamente a semente dos seres.[285] Para essas religiões populares, o vazio dos estoicos, que não é nada, daria nascimento ao Deus impassível, indiferente, infinito, que, ele também, não é nada. Não se pode conceder mais atributos a ele do que se concede ao tudo

---

[284] Ou 'o profundo'. (N.T.G.)

[285] Κένωμα Irénée II, 3, 4; Plotino X, 9, II (Cf. Bouillet, trad. des *Ennéades* I, p. 499).*

* *Kénoma* ou 'espaço vazio'.

(τὸ πᾶν[286]), mas que não é nada, porque é mais que tudo e mais do que a realidade. Assim, a solidão do finito e do infinito, nos estoicos, inicia a dualidade radical, não mais entre dois princípios do mundo, que apenas são separados pela análise, mas entre dois seres heterogêneos, que dará nascimento a uma nova filosofia.

O espaço

Os estoicos introduzem, assim como os epicuristas, uma distinção nova na teoria do espaço. Ao lado do lugar, definido como o que é inteiramente ocupado por um corpo, e do vazio, ou ausência do corpo, eles introduziram a posição (χώρα[287]), que, segundo Estobeu,[288] era definida por Crisipo da seguinte maneira: "se, do que é capaz de ser ocupado por um ser, uma parte é ocupada e a outra parte não é, o conjunto não seria nem o vazio nem o lugar, mas outra coisa que não tem nome". Ele reserva a essa coisa, como ressalta na sequência do texto (e que está também em outro texto de Sexto[289]), o nome de χώρα,[290] que havia sido empregado por Platão e Aristóteles como sinônimo de τόπος.[291]

Quais são a significação e a utilidade desse terceiro termo? Na sequência do texto, Estobeu propõe a seguinte alternativa: "o que é capaz de ser ocupado por um ser e que é maior que este ser (como um vaso é maior que um

---

[286] *Tô pân* ou 'o tudo'. (N.T.)

[287] *Khóra* ou 'espaço'. (N.T.)

[288] Reproduzo neste lugar Arios Dídimo, *Ecl.* I, p. 161 (S.V. F. II, 162, 42).

[289] *Math.* X 3 (S.V. F. II, 163, 22). Cf. Aetios. *Plac.* I 20, I (*Ibid.*, 14).

[290] *Khóra* ou 'espaço'. (N.T.)

[291] *Topos* ou 'lugar'. (N.T.)

corpo), é o corpo maior que contém (χωροῦν[292])?". Estobeu, por sinal, não resolve a questão. É fácil compreender o primeiro termo da alternativa: dadas as dimensões internas de um vaso, elas são a "posição" do líquido que nele está contido, quando o líquido não o preenche inteiramente. O segundo termo é explicado por um texto de Sexto, que mostra ao mesmo tempo a opinião de Crisipo. A posição é, diz ele, "o lugar do corpo maior".[293] Pois o lugar de um corpo é interior a ele próprio, é o intervalo que existe entre suas extremidades: o corpo menor, que procura a posição, está contido no interior do maior. Mas não está contido no sentido em que a água está contida no vaso, o que seria indicado por περιέχειν,[294] e o que retornaria à primeira alternativa, mas no sentido do que a penetra intimamente, ocupando com ele uma parte de seu lugar: o que significa a expressão χωρεῖν.[295]

Assim como um corpo penetra por mistura um outro e ocupa unicamente uma parte do lugar do segundo, o segundo corpo é denominado, por Estobeu, a posição do primeiro. Vê-se que essa noção de posição reintroduz, de um novo modo, e isto é verdade, a noção fundamental da teoria aristotélica do lugar, a do lugar relativo. Definindo o lugar pelos limites do contentor, Aristóteles determinava o lugar de um corpo por sua relação com outro. Retornando à teoria do lugar-intervalo, os estoicos sustentaram

---

[292] *Khoroûn* ou 'que contem'. (N.T.)

[293] *Math.* X 4 (S.V. F. II, 163, 26).

[294] *Periékhein* ou 'conter, abarcar'. (N.T.G.)

[295] Cf. Plut. *Comm. Not.* Chap. 37 (S.V. F. II, 151, 17 e 24 no qual χωρεῖν está oposto a περιέχειν).*

* Respectivamente, *khoreîn* ou 'ocupar um lugar', e *periékhein* ou 'conter, abarcar'. Como se o primeiro fosse o conteúdo e o segundo, o contentor. (N.T.G.)

todas as dificuldades dessa teoria, ao menos admitir, como já mostramos, a penetração mútua e integral de todos os corpos uns nos outros; não haveria senão um lugar absoluto determinado pela extensão do próprio corpo. Porém os corpos, naturalmente, não se interpenetram em todas as suas partes. A alma do mundo, por exemplo, que penetra todas as partes do universo, somente é penetrada por cada uma delas em uma de suas partes. Não estamos falando do lugar dessas partes, mas da posição que elas ocupam na alma do mundo. As posições, portanto, são os lugares de cada corpo considerado na sua relação com o lugar maior do corpo no qual ele está.

Capítulo 4

Teoria do tempo

Os estoicos especularam sobre o tempo, como indica a divergência entre eles sobre esta questão; mas nossas fontes, neste caso específico, são muito pobres. Podemos, no entanto, distinguir a tese de Zenão, a de Crisipo e as *Placita* de Aécio que atribuem à maioria dos estoicos. A tese de Zenão se aproxima singularmente da de Aristóteles. Se ele define o tempo como "o intervalo do movimento", Aristóteles o define como o "número do movimento", a ideia torna-se quase que a mesma, pois tal intervalo é considerado "a medida da velocidade e da lentidão".[296] Ademais, pode-se afirmar que ele abandonaria, por isto, um aspecto da teoria de Aristóteles, pois, segundo Zenão, caso se possa medir o movimento pelo tempo, o tempo pode ser igualmente medido pelo movimento.[297] Quanto à nova palavra διάστημα,[298] ela decorre unicamente do desejo de colocar em harmonia a definição de lugar e a de tempo.

---

[296] Stob. *Ecl*. I 8 (S.V. F. II, 26, 11)

[297] *Phys*. IV, 12, 5.

[298] *Diastema* ou 'intervalo de espaço'. (N.T.G.)

Crisipo admitia essa definição, mas acrescenta outra: o tempo, dizia ele, é "o intervalo do movimento – ou seja, o intervalo que acompanha o movimento do mundo".[299] Por que definir com essa precisão? No último capítulo consagrado ao tempo, Aristóteles se perguntava se o tempo era um número de um movimento determinado (ποιᾶς κινήσεως)[300] ou de qualquer outro. Crisipo é, como vemos, partidário da primeira hipótese. Para fazer valer essa hipótese, Aristóteles explicava que, da mesma forma que cada ser é medido por uma unidade da mesma espécie, o tempo, igualmente, é medido por um tempo definido. O tempo definido (o que chamaríamos hoje a unidade de tempo) é medido por um movimento definido. O único movimento definido que teríamos à nossa disposição é o movimento circular do céu, pois só ele é uniforme (ὁμαλής[301]). Eis por que, afirma ele, o tempo parece ser o movimento da esfera.[302] É essa teoria que, numa linguagem um pouco diferente, parece ser atribuída por Simplício a Arquitas, o pitagórico: o tempo é, segundo ele, "o intervalo da natureza do todo".[303] Só que tempo não é reduzido ao movimento, mas ao intervalo. É muito difícil crer que a definição de Crisipo não tenha a mesma significação, mas Simplício aproxima essa doutrina da de certos estoicos que admitiam que o tempo era a própria "esfera" celeste.

Temos melhores informações acerca das numerosas críticas que foram feitas a essa doutrina do que das razões pelas quais Crisipo a adotou. Como a conciliaríamos com a

---

[299] Stob. *Ecl.* I, p. 106 (II 164, 15).
[300] *Poiás kinéseosou* ou 'de um certo movimento determinado'. (N.T.G.)
[301] *Homalés* ou 'uniforme'. (N.T.G.)
[302] *Phys.* IV, 14, 419.
[303] In. *Ar. phys.*, p. 700 (S.V. F. II 165, 25).

definição de Zenão? A passagem de Estobeu, que já citamos, pode nos elucidar sobre esse assunto. O tempo é considerado em dois sentidos, como acerca da terra: pode-se pensar seja uma parte deste ser, seja ao todo. No segundo sentido (o único examinado por Estobeu) o tempo é indefinido. O termo oposto é evidentemente o tempo limitado. Ora, esse tempo limitado só pode ser definido, nós o sabemos, pelo movimento circular que o mede. É este o segundo sentido da palavra 'tempo' que é oposto ao de Zenão. O tempo está no meio do tempo infinito como o lugar do mundo no vazio. Ora, a definição de Zenão, vinculando-se ao movimento em geral, definiria o tempo no primeiro sentido. Na nova definição, Crisipo esperava vincular o tempo ao mundo, como uma consequência a seu princípio (cf. παρακολουθοῦν[304]), atenuando a realidade e a eficácia do tempo? Tal foi provavelmente sua intenção: o tempo determinado, o único que permite uma medida, é posto como o efeito da expansão do único ser real, o mundo.

As críticas que a ele foram feitas são numerosas e, se insistimos nisto, é porque elas parecem vir, ao menos em parte, do interior da escola estoica. Essa definição do tempo, nos diz Simplício,[305] era, com efeito, própria a Crisipo, e ele a sustentava "contra as negações dos outros". Parece que forçaram Crisipo, seguindo as consequências dessa definição, seja a negar a infinidade do tempo, logo a série dos períodos cósmicos ao infinito, seja a finitude do mundo no tempo. A propósito do primeiro tema, encontramos em Fílon de Alexandria uma definição do tempo, feita por Crisipo, posta de modo muito singular, numa passagem sobre as ideias e atitudes platônicas. Se o

---

[304] *Parakolouthoûn* ou "como aquilo que se segue [ao princípio]". (N.T.G.)
[305] In. *Arist. cat.*, p. 887 (S.V. F. II 165, 2).

tempo é "um intervalo do movimento do mundo", ele conclui imediatamente, pois o movimento não pode ser anterior ao mundo, e que o tempo é contemporâneo do mundo ou posterior a ele.[306] Logo, ele procura forçar Crisipo a concordar com o autor do *Timeu*. A respeito do segundo tema, é no tratado da *Incorruptibilidade do mundo*, de Fílon, que encontramos uma crítica da limitação do mundo no tempo, baseada nessa definição do tempo.[307] É necessário admitir, diz a prova em princípio, que o tempo é por natureza sem começo nem fim (o que já vimos no sentido admitido por Crisipo); se, de outra forma, define-se o tempo como "o intervalo do movimento do mundo", o mundo também deve ser sem começo nem fim, pois o tempo não pode existir sem ele. Logo, o mundo não pode se anular na ἐκπύρωσις.[308] Fílon fala dos trocadilhos (εὑρεσιλογῶν[309]) por meio dos quais os estoicos tentaram responder. O mundo, eles poderiam dizer, continua a existir após a conflagração, enquanto pensamento (ἐπινοουμένου[310])[311] do fogo divino. Tais trocadilhos possibilitam, ao menos de um modo decisivo, que se vejam aí numerosas dificuldades.

Talvez sejam estas as dificuldades que levaram os estoicos a retomar uma antiga definição do tempo, combatida anteriormente por Aristóteles: o tempo é "o próprio

---

[306] *De mundi op.* 26 (S.V. F. II 165, 4).

[307] *De incorr. m.*, ch 5 fin, II 492 Mangey.

[308] *Ekpýrosis* ou 'conflagração/calcinação'. (N.T.G.)

[309] *Heuresilogôn* ou 'trocadilhos'. (N.T.G.)

[310] *Epinoúmenou* ou 'estado de pensamento'. (N.T.G.)

[311] Que preferimos à conjectura, ὑπονοουμένου.*

   * *Hyponoonménon* ou 'estado de pensamento'. O trocadilho mencionado no texto refere-se aos termos ἐπινοουμένου (*Epinoúmenou*) e ὑπονοουμένου (*Hyponoonménon*). (N.T.)

movimento".[312] Não devemos acolher sem reservas, no entanto, essas informações de Aécio; como ele pode atribuí-la, com efeito, à maioria dos estoicos, quando encontramos no fragmento da *Epítome* de Arios Dídimo, conservado por Estobeu,[313] e que descreve em detalhes as opiniões de Zenão, de Apolodoro, de Posidônio e de Crisipo sobre o tempo, que todos concordam em considerar o tempo não como um movimento, mas como um intervalo do movimento? Neste aspecto, pode-se causar uma confusão com a teoria de Platão: Aécio, certamente, atribui a Platão a teoria de que o tempo é o "movimento do céu". Contudo, um pouco antes, ele lhe atribui, ao mesmo tempo, a definição estoica de que o tempo é "o intervalo do movimento do mundo", como se essas teorias fossem idênticas.[314] Por outro lado, vimos Fílon, em uma passagem que remonta ao *Timeu* sobre a substância das ideias, utilizar a definição estoica do tempo como um "intervalo do movimento". Os contraditores dos estoicos reprovavam, em uma crítica tão fácil de resolver, tanto a definição estoica como a de Platão. Daí resulta a citação isolada, por sinal, de Aécio.

Crisipo, ao que parece, serviu-se desse argumento para demonstrar a irrealidade do tempo, sua característica de contínuo, e sua divisibilidade ao infinito. Conhecemos muito bem sua teoria sobre esse assunto graças aos textos de Arios Dídimo e de Plutarco, nos quais citam as próprias palavras de Crisipo por duas vezes. No texto de Arios,[315] ele procura demonstrar que não há, de modo algum, ne-

---

[312] Aét. *Plac.* I 22, 7 (S.V. F. II 165, 15).

[313] Diels Dox. *gr.*, p. 461, 4 sq.

[314] Aét. *Plac* I, 20, 2 e 21,I (Diels Dox. 318, 5 e 9).

[315] Ap. Stob. *Ecl.* I, p. 106 (S.V. F. II 164, 22-30).

nhum tempo presente (οὐδεὶς ὅλως ἐνίσταται χρόνος[316]). O tempo, com efeito, sendo um contínuo,[317] é divisível ao infinito,"de modo que, na divisão (κατ' ἀπαρτισμόν[318]), não há nenhum tempo presente, mas não se fala do tempo a não ser como uma certa extensão (κατὰ πλάτος[319])". Segundo seus raciocínios sobre o contínuo espacial, o instante não é tempo e não existe de maneira nenhuma. O que se mantém é a opinião que Plutarco atribui aos estoicos.[320] Não há mais limite entre o passado e o futuro, tanto quanto não há limite entre um corpo e outro, e também no contato possível entre suas superfícies. Crisipo realiza, nessa análise do contínuo, um método que lhe é particular, muito diferente do de Aristóteles. Este não admite de nenhuma maneira que o momento seja o tempo; todavia, como considera o tempo em limites determinados, o momento, para ele, é este limite, "o começo do futuro e o fim do passado".[321] Crisipo, ao contrário, afirmando o próprio contínuo, sem considerar uma porção limitada, não pôde por análise nele encontrar o momento. Se ele se coloca neste ponto de vista, é porque considera o tempo infinito, como vimos em Arios, e não leva em consideração, como fez inicialmente Aristóteles, a porção do tempo limitada pelo começo e pelo fim do

---

[316] *Oudeís enístatai khrónos* ou 'não há absolutamente tempo presente'. (N.T.G.)

[317] Nós lemos I. 22 συνεχῶν por ao invés de συνεχόντον que não nos oferece sentido.*

  * Respectivamente, *synekhôn* ou 'sequência ou sequencial', e *sunekhóton* ou 'das coisas sequenciais'. (N.T.G.)

[318] *Kat' apartismón* ou 'ao infinito'. (N.T.G.)

[319] *katá plátos* ou 'uma certa extensão'. (N.T.G.)

[320] τὸ δὲ νῦν ὅλως μηδὲν εἶναι. Plut. *de comm. not.* 41 (II 165, 39).*

  * *To dé nûn hólos méden eînai* ou 'o agora, em geral, não é nada'. (N.T.G.)

[321] *Phys.* IV, 13, I.

movimento. Não há, portanto, instante e não se pode falar de tempo presente.

O texto de Arios continua do seguinte modo: "Ele (Crisipo) diz que somente existe o presente (τὸν ἐνεστῶτα[322]); passado e futuro subsistem (ὑφεστάναι[323]) mas não existem absolutamente".[324] O presente, que apenas existe, não pode ser evidentemente um momento indivisível, cuja realidade nega. Plutarco, com efeito, fornece-nos a definição seguinte: "no tempo presente, uma parte é futura, a outra, passado".[325] O texto apresenta uma dificuldade: com efeito, ele admite o tempo presente, enquanto, segundo Arios, Crisipo diz que não há, de maneira alguma, tempo presente. Mas ele somente o admite, nós o vimos, para reduzi-lo ao passado e ao futuro. Portanto, o "tempo presente", distinto do passado e do futuro, é considerado uma ilusão; é o que afirma formalmente Plutarco algumas linhas acima: "o que se acreditava tomar pelo pensamento como presente é em parte futuro, em parte passado".

Por outro lado, se o presente é reduzido ao passado e ao futuro, por que Arios lhe atribui anteriormente a existência? Uma passagem de Diógenes Laércio[326] nos explica: "No tempo, diz ele, o passado e o futuro são ilimitados, mas o presente é limitado". O presente somente seria, portanto, uma porção limitada de passado e de futuro. Mas quais são esses limites e qual é sua razão de ser? Crisipo os explica pela distinção das formas verbais passadas e

---

[322] *Ton enestôta* ou 'o presente'. (N.T.G.)

[323] *Hyphestánai* ou 'subsistente'. (N.T.G.)

[324] Citação reproduzida por Plut. *Comm. not.* 41 (II 165, 32).

[325] Plut. *de comm. not.* 41 (S.V. F. 165, 30).

[326] VII 140 (S.V. F. II 166, 2).

presentes.³²⁷ O presente é o tempo no qual um ser realiza um ato, expresso por um presente como "eu passeio". O presente não é, portanto, momentâneo, pois ele dura tanto quanto o ato, mas é limitado enquanto o próprio ato. O passado é o tempo no qual o ser acabou de realizar um ato; ele é expresso pelo pretérito perfeito, como: "eu sentei (κάθημαι³²⁸)". Portanto, o presente existe, contendo um acontecimento real, enquanto o passado subsiste, contendo acontecimentos já realizados. Observamos, enfim, que é pela palavra ὑφεστάναι³²⁹ que ele indica a maneira de ser do futuro. Semelhante palavra somente é compreensível se os acontecimentos futuros forem determinados de modo tão rigoroso quanto no passado. O que decorre, como se sabe, da teoria do destino e do princípio sobre o qual ela repousa: "toda enunciação é verdadeira ou falsa".

Toda essa argumentação, portanto, tende a negar a realidade do tempo: ele nunca é atual e, por conseguinte, não existe. Segue-se que a série dos acontecimentos que se desenrolam nele não é de forma alguma afetada por ele. Os acontecimentos obedecem às leis do destino, para as quais não existe nem futuro nem passado, pois são sempre verdades.³³⁰ Para Aristóteles e Platão, a existência no tempo era de uma espécie inferior à existência atemporal. As Ideias e Deus têm uma existência atemporal, assim como

---

³²⁷Estobeu, *ibidem* (S.V. F. II 164, 28).

³²⁸*Káthemai* ou 'estou sentado'. (N.T.G.)

³²⁹*Hyphestánai* ou 'supor'. (N.T.G.)

³³⁰Para os estoicos, cabe lembrar, a verdade é corpo, limitada, finita, determinada e sempre presente. Noções que não designam uma impotência, mas, ao contrário, dizem respeito à potência racional que organiza o mundo. Diferentemente, é o 'verdadeiro' e o 'falso' que dependem de um juízo, ou um exprimível, sobre os corpos. Por exemplo, a proposição 'haverá uma batalha naval amanhã?' é verdadeira somente se houver uma batalha naval amanhã. (N.T.)

as essências matemáticas. Não há nesses seres nenhuma mudança. O tempo é, portanto, uma causa verdadeira; é, particularmente, para Aristóteles, a causa da corrupção.[331] Os estoicos quiseram conciliar a existência no tempo de todos os seres e do próprio Deus com a necessidade e a perfeição desses seres. Por isso eles concederam ao tempo uma espécie de existência real e, por conseguinte, toda ação sobre os seres. "Eles o situaram, diz um platônico,[332] no pensamento vazio: para eles o tempo é sem consistência, e muito próximo do não ser". É o que eles entendiam denominando-o "um incorporal". O tempo aparece com estoicos, inicialmente, como uma forma vazia na qual os acontecimentos se sucedem, porém segundo leis que ele não possui de modo algum. No mais, como sobressai em um texto de Crisipo,[333] os estoicos fizeram uma observação profunda, que, partindo da gramática, deveria ter mais do que um alcance gramatical: é que o tempo se aplicava diretamente aos verbos, isto é, aos predicados que designavam para eles os acontecimentos incorporais. O tempo não tem nenhum contato com o ser verdadeiro das coisas.

---

[331] *Phy.* IV.

[332] Proclo *in Plat. Tim.*, p. 271 d (S.V. F. II 166, 7).

[333] Texto citado por Estobeu (S.V. F. II 164, 28).

Conclusão

O exprimível, o vazio, o tempo e o lugar, tais são as quatro espécies de incorporais admitidas pelos estoicos. Eles constituem, ao lado dos únicos seres reais (isto é, os corpos), algo de fugitivo e inassimilável, são um "nada", afirmam os estoicos. Não é entretanto um nada absoluto, pois tais coisas são objetos do pensamento; mas como o ser verdadeiro é o que age ou sofre ação de outro ser, não se pode classificá-los dentre os seres, nem os acontecimentos, nem o tempo, nem o lugar, pois permanecem, por sua vez, inativos e impassíveis.

A profunda originalidade dessa teoria foi reunir seres tão diferentes num mesmo grupo. Não foi ao demonstrar o ser lógico, por um lado, e o tempo e espaço, por outro, como seres incorporais que os estoicos inovaram.[334] Era o que levava a crer a especulação de Aristóteles: é contraditório, por um lado, que a Ideia seja um ser particular e consequentemente um ser real. Por outro lado, o tempo e o espaço são definitivamente separados dos seres, das substâncias, para se

---

[334] Neste caso, devemos entender o "ser" lógico (os exprimíveis) e os "seres" incorporais (o tempo, o espaço) apenas como metáfora dos corpos, os únicos seres reais. (N.T.)

tornarem atributos ou categorias dos seres. Não resta a menor dúvida de que há uma oposição radical entre o ser racional, o ato puro, que está fora do tempo e do lugar e constitui a essência das coisas, e o ser móvel, sempre imperfeito em ato, que se encontra no tempo e no espaço: essas duas categorias sobrecarregam de relatividade e de imperfeição os seres aos quais elas pertencem. Se o pensamento é a essência dos seres, segue-se que a razão, por sua atividade própria, atinge a essência dos seres e que a representação sensível permanece, ao contrário, na superfície e acidental. É precisamente essa oposição que é negada pelos estoicos: para começar, os seres, as substâncias, não são objeto do pensamento dialético, pois têm uma vida interna e, por assim dizer, concentrada nela mesma, longe de ser objeto de contemplação por natureza. Mas essa vida, sem nada perder dela mesma, espraia-se na superfície do ser em acontecimentos múltiplos, acontecimentos que não suprimem nada da força interna do ser, e que são puros efeitos sem serem a sua própria causa; são tais acontecimentos, com suas relações, que formam o tema da dialética. Na lógica, portanto, o pensamento não entra em contato com o ser, pois o ser é rebelde ao pensamento; ela [a lógica] não diz respeito à substância. É possível ver, neste caso, o que se tornou o primeiro termo da oposição, o incorporal como pensamento. Ele não pode, portanto, se opor ao segundo termo, o ser mutável no lugar e no tempo.

Esse segundo termo é interpretado de um modo totalmente diferente daquele de Aristóteles e de Platão. Todos os seres estão no espaço e no tempo e, consequentemente, mudam e se movem. Mas o movimento não é uma imperfeição. Se se considera a mudança em sua relação com a noção matemática imutável, ela aparece como sendo uma indeterminação e, consequentemente, como uma imperfeição. Se consideramos, ao contrário, em sua relação com a vida, ela torna-se o próprio ato da vida, que somente existe plenamente enquanto se desenvolve. Para passar da essência matemática eterna ao mundo das mudanças, Platão acrescentaria como princípio o espaço (χώρα[335]) e criaria, com seu demiurgo, o tempo "imagem imóvel da eternidade". O espaço e o tempo seriam então imperfeições, como indeterminações acrescentadas ao ser: pois a determinação dos seres estaria em outro lugar, seja no modelo ideal para Platão, seja na causa final para Aristóteles. Mas a determinação do ser vivo lhe é intrínseca; é por sua força interna que ele produz os seus atos. Assim, esta circunstância, na qual ele está no tempo e no espaço, não lhe acrescenta e nem lhe aumenta nada. Porque ele está no espaço, pode-se dizer que ele tem uma grandeza determinada? Porém essa grandeza não é determinada pelo espaço, mas por ele mesmo. Porque ele está no tempo, pode-se dizer que ele se moveu, mas sua duração é igualmente produzida pelas razões internas, e isto é uma determinação, não uma indeterminação. O materialismo moderno está, em geral, sob a impulsão da física matemática; ela reduz os seres às grandezas calculáveis; o espaço e o tempo, portanto, são características essenciais do ser, pois lhe servem de medida. A espécie de materialismo biológico dos estoicos está o mais distante possível de semelhante ideia: o corpo encontra sua determinação não em suas dimensões, mas na força ou qualidade própria que o define.

Todos os incorporais são conduzidos, dessa forma, a uma noção única, a de atributo (κατεγόρημα[336]) dos corpos, quer seja objeto do pensamento dialético, quer seja do lugar e do tempo. É necessário entender o atributo não no sentido de

---

[335] *Khóra* ou 'espaço'. (N.T.G.)

[336] *Kategórema* ou 'atributo'. (N.T.G.)

propriedade dos corpos, como a cor e o som, que são coisas ativas e corpos, mas no sentido de efeito da atividade corporal. Os incorporais não são um mundo novo acrescentado ao mundo dos corpos, mas são o limite ideal e irreal de sua ação. Essa dissociação do corpo e do incorporal teve um grande papel no estoicismo primitivo e no seu desenvolvimento. Notemos, primeiramente, que a disposição de espírito, ao qual ele responde, é comum aos estoicos e aos seus contraditores, os acadêmicos e os céticos. Segundo eles, a separação entre o pensamento e o real levaria à negação da ciência. Nos estoicos, levaria a uma dialética de uma extrema pobreza, incapaz de reproduzir ligações reais entre as coisas. Apenas os estoicos permaneceram dogmáticos: pois admitiram, ao lado e de fora da dialética, um modo de conhecer e de saber completamente diferente dela, a representação compreensiva. Tal compreensão não é uma coisa incorporal, como um exprimível, mas uma ação real de dois corpos, um sobre o outro, decorrente de sua tensão interna. Destes corpos, um é o objeto exterior e outro, a parte hegemônica da alma.[337] Essa maneira de conhecer, aproximando o íntimo da alma e seu objeto, não tem qualquer espécie de relação com o conhecimento da dialética; ela diz respeito apenas aos exprimíveis, aos acontecimentos; a outra diz respeito ao próprio objeto, ao ser com sua qualidade própria,[338] anterior à rede de acontecimentos que se dão no exterior. É um conhecimento do real, indutivo e certo, mas que é ao mesmo tempo um conhecimento

---

[337] Fílon *de mundi op.* 166 (S.V. F. II 23, 30).
[338] ἀπὸ ὑπάρκοντος ... καὶ κατ' αὐτὸ τὸ ὑπάρχων;. Sexto *Math.*VII 242 (S. V. F. II 25, 34).*

   * *Apò hypárkhontos ... kaì kat'autò to hypárkhontos* ou "o objeto mesmo ... o ser com sua qualidade própria". (N.T.G.)

que não encontra sua expressão na linguagem. Para que o conhecimento atinja o real, os estoicos são obrigados a separar radicalmente pensamento dialético e representação da realidade, e colocar este último no único mundo real, o mundo dos corpos; ela é apenas uma ação da força vital em sua relação com a ação dos objetos exteriores.

O conhecimento real, oposto ao dialético, aproximava-se mais de uma atividade do que de uma contemplação. Além do mais, ela é uma apreensão do objeto e uma espécie de penetração íntima. A cisão completa entre esse modo de conhecer e o pensamento racional e lógico, cisão que deriva da teoria dos incorporais, deveria ter na história do estoicismo uma imensa influência, que devemos nos contentar em indicar para permanecer nos limites de nosso estudo. Os sucessores dos primeiros estoicos deixaram inteiramente de lado a dialética estéril e o raciocínio hipotético, que giraria indefinidamente sobre si mesmo, limitando-se a desenvolver as consequências do conhecimento intuitivo, o único ativo e real. Essa teoria permaneceria em gérmen: primeiramente, considerando o conhecimento enquanto atividade, o estoicismo exclusivamente moral dos tempos posteriores apenas admite a contemplação na medida em que ela serve à atividade ou dela depende; em segundo lugar, considerando o conhecimento enquanto apreensão do real, o estoicismo místico, combinando-se com o platonismo, deu nascimento aos sistemas alexandrinos: uma vez mais o conhecimento intuitivo e inefável do ser nos místicos aproxima-se muito mais da representação compreensiva dos estoicos que da contemplação das Ideias. É o "desprezo dos incorporais", assinalado por Proclo, como sendo uma característica dos estoicos, que produziu na sua doutrina o abandono da lógica discursiva em benefício dos *élans* da atividade moral e religiosa.

Sobre os tradutores

Fernando Padrão de Figueiredo e José Eduardo Pimentel Filho são mestres e doutorandos do Programa de Pós-Graduação em Filosofia da UFRJ e participam do Laboratório de Filosofia Contemporânea da UFRJ, no qual se pesquisam autores contemporâneos franceses como Gilles Deleuze, Michel Foucault, Jean-François Lyotard, etc.

Este livro foi composto com tipografia Bembo e impresso
em papel Pólen Bold 90 g/m² na Formato Artes Gráficas.